송고백칙
頌古百則

송고백칙(頌古百則)

지은이 · 설두중현 / 옮긴이 · 이인혜
펴낸이 · 김인현 / 펴낸곳 · 도피안사
2005년 7월 25일 1판 1쇄 인쇄 / 2005년 8월 1일 1판 1쇄 발행
영업 · 혜국 정필수 / 관리 · 혜관 박성근 / 인쇄 · 동양인쇄(주)
등록 · 2000년 8월 19일(제19-52호)
주소 · 경기도 안성시 죽산면 용설리 1178-1
전화 · 031-676-8700 / 팩시밀리 · 031-676-8704
E-mail · dopiansa@kornet.net

ISBN 89-90223-23-7 04220
　　　89-90223-24-5 (세트)

· 책값은 뒤 표지에 있습니다.
· 잘못된 책은 바꿔드립니다.
· 이 책의 저작권은 도서출판 도피안사에 있으므로 내용 전부 또는 일부를 다른 곳에 사용하려면 반드시 도피안사의 서면 동의를 받아야 합니다.

송고백칙

頌古百則

이인혜 옮김

일러두기

1. 이 책은 大正新修大藏經 제48권에 실려 있는 『佛果圜悟禪師碧巖錄』을 저본으로 하여, 그 중에 本則과 頌만을 번역한 것이다. 저본에 오자라고 판단되는 곳은 조선 세조 11년(1465)에 제작한 본(삼성출판박물관 소장, 도서출판 장경각에서 펴낸 번역본 뒤에 붙어 있음)으로 교감하여 각주를 달았다.

2. 저본의 순서대로 본칙 뒤에 송을 두었고, 독자들이 읽을 때 원문에서 얻을 수 있는 맛을 살리기 위해 원문을 번역 앞에 실었다.

3. 저본에는 구분이 없지만, 본칙과 송에 실린 설두의 著語에서 指文에 해당하는 문장은 ( ) 안에 넣었다. 예: (스승께서 주장자를 들고……) (설두가 다시 한마디 붙였다)

4. 저본에는 100개의 公案마다 번호만 있고 제목은 없으나, 여기서는 공안에 등장하는 인물과 이야기의 내용을 고려하여 각각에 則名을 달았다.

5. 문맥을 이해하는 데 필요하다고 생각되는 곳에는 주로 圜悟의 評唱에서, 그밖에 고려 말에 覺雲이 썼다고 전해지는 『禪門拈頌說話』, 王進瑞의 『碧巖錄講義』 등에서 뽑아 각주를 달았다.

차례

제1칙 達磨, 부처라 할 것이 없다 9
제2칙 趙州, 명백한 곳에도 머물지 않는다 11
제3칙 馬祖, 日面佛·月面佛 14
제4칙 德山, 潙山에 가다 15
제5칙 雪峯, 먹통같이 깜깜하구나 17
제6칙 雲門, 날마다 좋은 날 18
제7칙 法眼, 부처를 물었더니 20
제8칙 翠嵒, 눈썹이 남아 있느냐 21
제9칙 趙州, 동서남북 22
제10칙 睦州, 할을 한 뒤에는 어쩌겠느냐 23
제11칙 黃檗, 술지게미나 먹는 놈 24
제12칙 洞山, 삼 세 근 26
제13칙 巴陵, 제바종 27
제14칙 雲門, 상대적인 한마디 29
제15칙 雲門, 전도된 한마디 30
제16칙 鏡淸, 안팎에서 쪼아서 알에서 깨어나게 함 31
제17칙 香林, 조사가 서쪽에서 오신 뜻 33
제18칙 慧忠國師, 무봉탑 34
제19칙 俱胝, 손가락 하나를 세워 보이다 36

제20칙 龍牙, 조사서래의는 없다 37
제21칙 智門, 연꽃 39
제22칙 雪峯, 남산의 자라코 뱀 40
제23칙 保福과 長慶, 산 구경을 갔다가 42
제24칙 劉鐵磨, 위산에 가다 43
제25칙 蓮花峯 庵主, 주장자 44
제26칙 百丈, 특별한 일 45
제27칙 雲門, 가을바람 46
제28칙 南泉, 마음도 부처도 물건도 아닌 47
제29칙 大隋, 삼천세계가 劫火에 탈 때 49
제30칙 趙州, 진주의 큰 무 50
제31칙 南泉, 업풍에 의해 움직인 일 51
제32칙 臨濟, 정상좌를 한 대 갈기다 53
제33칙 資福, 陳操에게 동그라미를 그려 보이다 54
제34칙 仰山, 오로봉엔 가 봤는가 55
제35칙 文殊와 無著, 전삼삼 후삼삼 57
제36칙 長沙, 산에 갔다 오는 길 59
제37칙 盤山, 어디서 마음을 찾을꼬 60
제38칙 風穴, 조사의 마음 도장 61
제39칙 雲門, 약초 밭 울타리 63
제40칙 南泉과 陸亘大夫, 僧肇의 말씀을 듣고 64
제41칙 趙州와 投子, 완전히 죽은 자가 살아난다면 65
제42칙 龐居士, 떨어지는 눈송이를 보며 66
제43칙 洞山, 추위와 더위가 닥쳐오면 68
제44칙 禾山, 북을 칠 줄 안다 70
제45칙 趙州, 만법 73
제46칙 鏡淸, 빗소리 74

제48칙 王太傅, 초경사에 들어가다 77
제49칙 三聖, 그물을 뚫고 나온 물고기 80
제50칙 雲門, 티끌삼매 81
제51칙 巖頭, 末後句를 알고 싶은가 82
제52칙 趙州, 돌다리 84
제53칙 馬祖와 百丈, 들오리를 보고 86
제54칙 雲門, 두 손을 펴 보이다 87
제55칙 道吾와 漸源, 문상을 가다 88
제56칙 欽山, 화살 한 대로 세 관문을 뚫을 때 91
제57칙 趙州, 지극한 도 92
제58칙 趙州, 지극한 도 93
제59칙 趙州, 지극한 도 94
제60칙 雲門, 주장자 96
제61칙 風穴, 티끌 하나 97
제62칙 雲門, 감춰진 보물 하나 99
제63칙 南泉, 고양이를 동강내다 100
제64칙 趙州, 고양이 이야기를 전해 듣고 101
제65칙 世尊, 아무 말씀 없이 102
제66칙 巖頭, 황소의 난이 지난 뒤 103
제67칙 傅大師, 금강경 강의 105
제68칙 仰山과 三聖, 이름을 묻다 106
제69칙 南泉·歸宗·麻谷, 혜충국사께 예배를 떠나다 107
제70칙 百丈과 潙山, 입을 닫고 말하기 109
제71칙 百丈과 五峯, 입을 닫고 말하기 110
제72칙 百丈과 雲巖, 입을 닫고 말하기 111
제73칙 馬祖, 四句百非를 떠나서 112
제74칙 金牛, 밥통을 들고 춤추다 114

제75칙 烏臼, 주고 빼앗는 몽둥이 115
제76칙 丹霞, 안목 118
제77칙 雲門, 호떡 120
제78칙 楞嚴經, 목욕 중에 깨달은 보살들 120
제79칙 投子, 부처의 소리 122
제80칙 趙州와 投子, 갓난아기의 六識 124
제81칙 藥山, 왕고라니 125
제82칙 大龍, 견고한 법신 127
제83칙 雲門, 옛 부처와 기둥 128
제84칙 維摩와 文殊, 불이법문 129
제85칙 桐峯庵主, 호랑이를 만난다면 131
제86칙 雲門, 무엇이 여러분의 빛인가 133
제87칙 雲門, 어느 것이 자기인가 134
제88칙 玄沙와 雲門, 봉사·귀머거리·벙어리를 어떻게 제도하나 135
제89칙 道吾와 雲巖, 대비보살의 손과 눈 138
제90칙 智門, 반야의 體用 139
제91칙 鹽官, 무소뿔 부채 141
제92칙 文殊, 백추를 치고 법회를 끝내다 143
제93칙 大光, 춤을 추다 144
제94칙 楞嚴經, 본다는 것 146
제95칙 長慶과 保福, 여래의 말씀 148
제96칙 趙州, 흙부처·금부처·나무부처 150
제97칙 金剛經, 멸시를 당하는 자는 153
제98칙 天平, 西院에게 틀렸다는 말을 두 번 듣다 154
제99칙 慧忠國師, 十身 부처 157
제100칙 巴陵, 吹毛劍 158

역자후기 160

【제1칙】 達磨, 부처라 할 것이 없다

擧[1]) 梁武帝問達磨大師 如何是聖諦第一義 磨云廓然無聖 帝曰對朕者誰 磨云不識 帝不契 達磨遂渡江至魏 帝後擧問志公 志公云陛下還識此人否 帝云不識 志公云此是觀音大士 傳佛心印 帝悔 遂遣使去請 志公云莫道陛下發使去取 闔國人去 他亦不回

양무제가 달마에게 물었다.
"무엇이 가장 요점이 될 만한 부처님의 가르침입니까?"
달마가 대답하였다.
"텅 비어서 부처라 할 것이 없습니다."
"그렇다면 내 앞에 있는 자는 누구요?"
"모르겠소."
무제는 알아듣지 못했다. 결국 달마는 강을 건너 위나라로 갔다. 무제가 뒤에 지공에게 물었더니 지공이 말하였다.
"폐하께서는 그 분을 아시겠습니까?"
무제가 대답하였다.

---

1) 擧는 擧揚을 뜻한다. 雪竇가 여러분 앞에 本則 公案을 들어서 商量을 해보겠다는 뜻이다. 100칙 모두 맨 앞에 이 '擧'자가 있는데, 지문에 해당하므로 번역은 생략하였다.

"모르겠소."

"그 분은 부처님의 마음을 전하러 오신 관음보살입니다."

무제가 후회하면서 달마를 모셔오려고 사신을 보내려 하자 지공이 말하였다.

"폐하께선 그를 모셔오려고 사신을 보내지 마십시오. 온 나라 사람이 다 가더라도 그는 돌아오지 않을 것입니다."

頌 聖諦廓然 何當辨的 對朕者誰 還云不識 因玆暗渡江 豈免生荊棘 闔國人追不再來 千古萬古空相憶 休相憶 淸風帀地有何極
師顧視左右云 這裏還有祖師麽 自云 有 喚來與老僧洗脚

부처의 가르침, 텅 비었단 말을
어떻게 확실히 판정하리요.
내 앞에 있는 자 누구냐는 질문에
모르겠다고 대답해 버렸네.
이 일로 몰래 강을 건넜으니
가시가 돋아남을 어찌 면하리.[2]

---

[2] 달마가 중국에 온 것은 사람들의 결박을 풀어주고 가시를 제거해 주기 위함이었다. 그런데 그때까지 절과 탑을 짓고 승단을 외호한 일로 부처라는 칭송까지 받았던 양무제에게 달마가 망신을 주어 일대사건을 일으켰다는 것이다.

온 나라 사람이 쫓아가도 다시 오지 않았으니
천년 만년 부질없이 그를 생각하는구나.
생각을 말아라.
온 누리에 맑은 바람 끝이 없으니.

(스님께서 좌우를 둘러보시며 말하였다.)3)
"이 안에 혹여라도 조사가 있는가?"
(그리고는 스스로 말하였다.)
"있다면 불러다가 내 발이나 씻으라고 해라."4)

【제2칙】 趙州, 명백한 곳에도 머물지 않는다

擧 趙州示衆云 至道無難 唯嫌揀擇 纔有語言 是揀擇
是明白 老僧不在明白裏 是汝還護惜也無 時有僧問 旣
不在明白裏 護惜箇什麽 州云我亦不知 僧云和尙旣不知
爲什麽却道不在明白裏 州云問事卽得 禮拜了退

조주가 대중에게 말하였다.

---

3) 여기서 스님이란 설두를 가리킨다. 설두 회하에서 법문을 듣던 제자들이 기록한 것이다.
4) 조사는 달마를 가리킨다. 설두는 자기 바깥에서 부질없이 달마를 쫓아가는 것을 경계하기 위해, 頌에서 "생각을 말아라" 하고, 이어서 "혹 달마가 온다 해도 내 발이나 씻으라"고 한 것이다.

"지극한 도는 어려울 것이 없으니, 그저 간택만 조심하면 될 뿐이다.[5] 말을 꺼내자마자 간택이 되고, 명백이 되니 나는 명백한 곳에도 머물러 있지 않는다.[6] 너희들은 그런 것을 중요하게 생각하느냐?"

그러자 어떤 스님이 물었다.

"명백한 곳에도 머물지 않는다면 도대체 무엇을 중요하게 생각하시는지요?"

"나도 모른다."

"모르신다면 화상께선 어째서 명백한 곳에도 머물러 있지 않다고 하셨습니까?"

"묻는 일은 이걸로 되었네. 절이나 하고 물러가게."

頌 至道無難 言端語端 一有多種 二無兩般 天際日上月下 檻前山深水寒 髑髏識盡喜何立 枯木龍吟銷未乾 難難 揀擇明白君自看

지극한 도는 어려울 것 없나니
말도 끊기고 대화도 끊겼다.
하나에도 여러 가지가 있고

---

5) 이 구절은 三祖 僧璨의 『信心銘』에 나온다. "至道無難 唯嫌揀擇 但莫憎愛 洞然明白 毫釐有差 天地懸隔."
6) "간택만 조심하면 된다"는 말을 듣고, 참선하는 이들이 명백의 자리에 눌러앉을까봐서 명백에도 머물지 않는다고 하였다.(圜悟의 評唱에서)

둘에도 양쪽이 없어라.7)
하늘엔 해가 뜨고 달이 지며
난간 앞엔 산 깊고 물이 차구나.8)
식이 다한 해골에 기쁨이 어찌 있으랴만
고목에 용의 울음 아직 마르지 않았네.9)

---

7) '하나'는 明白(평등)을 뜻하고 '둘'은 揀擇(차별)을 뜻한다.
8) 이 두 구절은, 먼 하늘에서 일어나는 일과 바로 앞의 난간에 마주한 일을 들어서 사사물물이 다 도이며 참[頭頭是道 物物全眞]인, 주관과 객관이 동시에 사라져 한 덩어리가 된[心境俱忘, 打成一片] 경계, 즉 아무 어려울 것 없는 경계를 읊은 것이다.(원오의 평창에서)
9) 이 두 구절은 유래가 되는 이야기가 있다. 한 스님이 香嚴에게 "무엇이 도입니까?" 하고 묻자 향엄이 "고목 속에서 용이 운다"고 대답하였다. 그 스님이 다시 "어떤 사람이 그 도 가운데 있는 사람입니까?" 하자 향엄이 "해골 속에 눈동자이지" 하였다. 그 스님이 뒤에 石霜을 찾아가서 "고목에서 용이 운다는 말씀이 무슨 뜻입니까?" 하고 묻자 석상이 "기쁨이 남아 있었구나" 하였다. "해골 속에 눈동자란 말씀이 무슨 뜻입니까?" 하고 묻자 "識이 남아 있었구나" 하였다. 그 스님이 다시 曹山에게 앞 구절을 묻자 조산이 "혈맥이 끊기지 않았구나" 하였고 뒤 구절을 묻자 "다 마르지 않았다"고 하였다. "어떤 사람이 그 소리를 듣습니까?" 하자 "못 듣는 사람은 세상에 아무도 없다" 하였다. "용의 울음이란 어떤 것입니까?" 하고 묻자 "어떤 것인지는 모르나 듣는 자는 다 죽는다" 하였다. 조산은 이어서 송 하나를 읊었다.
고목에 용이 울 때 참으로 도를 보고
해골에 식이 없으나 눈은 애초에 밝았네
기쁨도 식도 다할 때 소식도 다하니
그 경지를 얻은 이 탁함 속의 맑음을 어찌 가려내랴.
枯木龍吟眞見道 髑髏無識眼初明 喜識盡時消息盡 當人那辨濁中淸.(원오의 평창에서)
의식작용이 이미 없어진 해골에는 희로애락도 없다. 그러나 죽은 어렵구나, 어려워.
간택과 명백을 그대 스스로 보아라.

【제3칙】 馬祖, 日面佛·月面佛

擧 馬大師不安 院主問 和尙近日 尊候如何 大師云日面佛月面佛

마대사가 몸이 편찮은데, 원주가 문병을 와서 "스님, 요즘 몸이 어떠십니까?" 하고 묻자, 대사가 말하였다. "일면불, 월면불."10)

頌 日面佛月面佛 五帝三皇是何物 二十年來曾苦辛 爲君幾下蒼龍窟 屈堪述 明眼衲僧莫輕忽

일면불, 월면불이여.

고목에 바람이 불면 용이 우는 듯한 소리를 낸다. 즉 죽은 데서 활용을 일으킨다는 뜻.

10) 『佛說佛名經』에는 3천 분의 佛名이 나오는데, 일면불과 월면불도 그 중에 들어 있다. 일면불은 수명이 천팔백 세이고 월면불은 하루밖에 안 된다고 한다. 이미 생사를 초월하여 부처가 되었다면 수명의 장단이 무슨 의미가 있는가? 馬大師의 本身은 생사를 초월하였지만 중생을 응대하느라 세간의 시간개념에 맞추어 그렇게 말씀하신 것이다.(王進瑞, 『碧巖錄講義』에서)

삼황오제가 다 무엇인고?[11)
이십 년을 고생고생하면서
그댈 위해 몇 번이나 창룡굴[12)에 내려갔던가.
어려움을 겪고서야 말할 수 있었으니[13)
눈밝은 선승은 가벼이 여기지 말라.

【제4칙】 德山, 潙山에 가다

擧 德山到潙山 挾複子 於法堂上 從東過西 從西過東 顧視云無無 便出 (雪竇著語云 勘破了也) 德山至門首却云 也不得草草 便具威儀 再入相見 潙山坐次 德山提起坐具云和尙 潙山擬取拂子 德山便喝 拂袖而出 (雪竇著語云 勘破了也) 德山背却法堂 著草鞋便行 潙山至晚問首座 適來新到 在什麼處 首座云 當時背却法堂 著草鞋出去也 潙山云 此子已後 向孤峯頂上 盤結草庵 呵佛罵祖去在 (雪竇著語云 雪上加霜)

---

11) 난세와 치세가 다 없어진 向上의 자리를 말한다.(각운의 『선문염송설화』 169칙)
12) 깊은 못 속에 있다는 굴. 여기 사는 흑룡의 턱 밑에 여의주가 있다고 하는데, 설두가 위험을 무릅쓰고 학인들을 위했다는 뜻.
13) 설두가 이 화두 때문에 20년을 고생고생한 끝에 이제는 "삼황오제가 다 무엇인고"라는 말을 할 수 있게 되었다는 뜻.

덕산이 위산에 가서는 바랑도 벗지 않고 법당에 들어가서 이쪽에서 저쪽으로, 저쪽에서 이쪽으로 왔다 갔다 하더니 주위를 둘러보면서 "없구나, 없어" 하고는 나가버렸다. (설두가 여기다 한마디 붙였다. "벌써 간파를 했군.") 덕산이 문앞까지 나왔다가, 이렇게 성급하게 굴 일이 아니야, 하고는 몸가짐을 가다듬고 다시 들어가 위산을 만났다. 위산은 마침 앉아있는 중이었다. 덕산이 깔개를 집어들며 "스님!" 하고 불렀다. 위산이 불자를 집으려는데 덕산이 꽥 소리를 지르고는 소매를 탁탁 털고 나가버렸다.(설두가 여기다 한마디 붙였다. "벌써 간파를 했군.") 덕산은 법당을 등지고 짚신을 신자마자 떠났다. 저녁이 되자 위산이 수좌에게 물었다. "아까 왔던 신참은 어디 있느냐?" 수좌가 말하였다. "그때 법당을 등지고 짚신을 신더니 떠났습니다." 위산이 말하였다. "그는 뒷날 높은 봉우리에 암자를 짓고, 부처와 조사를 꾸짖으며 살 놈이지."(설두가 여기다 한마디 붙였다. "설상가상이로다.")[14]

頌 一勘破 二勘破 雪上加霜曾嶮墮 飛騎將軍入虜庭 再得完全能幾箇 急走過 不放過 孤峯頂上草裏坐 咄

---

14) 덕산이 그 고고한 안목 때문에 부처와 조사를 꾸짖는 곳에 엎어져 있을 것이기 때문에 설두가 설상가상이라 하였다.(각운의 『선문염송설화』 666칙)

한 번 간파하고, 또 한 번 간파한 일이여.
설상가상이로다. 위험에 빠졌구나.
적진에 붙잡혔던 비기장군처럼[15]
다시 살아 나올 자 몇이나 되리.
잽싸게 도망쳤지만 놓아주지 않았으니
높은 산 꼭대기 풀섶에 앉았겠지. 돌!

【제5칙】 雪峯, 먹통같이 깜깜하구나

擧 雪峯示衆云 盡大地撮來 如栗米粒大 抛向面前 漆桶不會 打鼓普請看

설봉이 대중에게 말하였다.
"온 누리를 움켜쥐면 좁쌀만한데, 그대들 앞에 던져주어도 먹통같이 깜깜하구나. 북치고 운력이나 하여라."

---

15) 飛騎將軍은 漢나라 때 활의 명수 李廣 장군을 가리킨다. 그는 흉노족의 왕에게 포로로 잡혔는데 그때 상처를 입었으므로 말 두 마리 사이에 묶여서 그 사이에 누워 있었다. 그는 죽은 체하고 틈을 엿보다가 좋은 말을 타고 옆을 지나가는 흉노 병사를 밀어 쓰러뜨리고 활과 화살을 빼앗아 남쪽으로 말을 달려 그곳을 벗어났다. 이광은 그런 솜씨가 있었기 때문에 죽을 데서 살아났다. 설두는 이광의 일을 인용하여 덕산이 다시 들어가 위산을 뵙고 의연히 도망 나온 것을 비유하였다.(원오의 평창에서)

頌 牛頭沒 馬頭回 曹溪鏡裏絶塵埃 打鼓看來君不見 百花春至爲誰開

우두옥졸 마두옥졸16) 다 물러난 뒤에
조계의 거울에는 티끌 하나 없어라.17)
북치고 운력하라는데, 그대는 보는가?
봄날의 백화는 누굴 위해 피었는가?18)

【제6칙】 雲門, 날마다 좋은 날

擧 雲門垂語云 十五日已前 不問汝 十五日已後 道將一句來 自代云 日日是好日

운문이 법어를 내렸다.
"지난 보름간에 대해서는 묻지 않겠다. 오늘 이후 남은 보름에 대해서 한마디 해보아라."19)

---

16) 소머리나 말머리를 하고 지옥을 지키는 귀신들. 여기서는 이것저것, 張三李四 등 세간의 분분한 일을 뜻한다.
17) '조계의 거울'은 六祖 慧能이 지은 시에서 따온 것이다. "菩提本無樹 明鏡亦非臺 本來無一物 何處惹塵埃"
18) 티끌 하나 없어서 어찌 더듬어볼 수 없는 자리에서 봄이 오면 백화가 만발한다는 사실을 알아야 한다는 뜻.(각운의 『선문염송설화』 788칙)
19) 안거하는 동안 보름을 기점으로 해서 던진 질문이라 생각되지만,

그리고는 자기가 대중들을 대신해서 말하였다.
"날마다 좋은 날이로다."

頌 去却一拈得七 上下四維無等匹 徐行踏斷流水聲 縱觀寫出飛禽跡 草茸茸 煙冪冪 空生巖畔花狼藉 彈指堪悲舜若多 莫動著 動著三十棒

하나를 버려서 일곱을 얻었으니
동서남북 위아래로 비길 자 없어라.
느린 걸음에 흐르는 물소리를 밟아버리고
무심히 보아도 나는 새의 자취를 그려낸다.
풀은 무성하고 안개는 자욱한데
공생이 앉은 바위 가에 흐드러진 꽃.20)
딱하도다, 슬프도다, 순야타(제석)여.
꼼짝 말아라. 움찔하면 몽둥이 30대로다.

그렇다고 15라는 숫자에 의미를 두고 한 말은 아니다.
20) 空生은 解空第一 須菩提존자를 가리킨다. 수보리가 바위에 앉아 선정에 들었는데, 천신들이 꽃비를 내려 찬탄하자 수보리가 물었다. "하늘에서 꽃비를 내리며 찬탄하는 자는 누구인가?" "나는 제석천왕입니다." "어째서 찬탄을 하는가?" "존자께서 훌륭히 반야바라밀다를 말씀하시는 것이 존경스러워서입니다." "나는 반야에 대해 한마디도 한 적이 없는데, 그대는 어째서 찬탄을 하는가?" "존자께서는 말씀하신 적이 없고, 저는 들은 적이 없으니 이것이 반야입니다." 이에 또다시 땅을 뒤흔들며 꽃비를 내렸다. (원오의 평창에서)

【제7칙】 法眼, 부처를 물었더니

擧 僧問法眼 慧超咨和尙 如何是佛 法眼云汝是慧超

한 스님이 법안에게 물었다. "혜초가 화상께 묻습니다. 무엇이 부처입니까?" 법안이 말하였다. "네가 혜초로구나."

頌 江國春風吹不起 鷓鴣啼在深花裏 三級浪高魚化龍 癡人猶戽夜塘水

강남엔 봄바람 불지 않고
두견새는 꽃 속에 파묻혀 운다.
삼층 폭포 오른 물고기는 용이 되었건만[21]
어리석은 이는 밤새 못물만 퍼내는구나.

---

21) 용문 폭포는 禹 임금이 만들었다고 하며 삼층으로 되어 있다. 3월 3일이 되면 천지의 기운에 감응하여 용문폭포를 뚫고 올라가는 물고기가 있는데, 머리에 뿔이 돋고 지느러미가 높이 돋아 구름을 치면서 용이 되어 승천한다고 함.

【제8칙】 翠嵒, 눈썹이 남아 있느냐

擧 翠嵒夏末示衆云 一夏以來 爲兄弟說話 看翠嵒眉毛在麽 保福云作賊人心虛 長慶云生也 雲門云關

취암이 하안거 마지막 날에 대중에게 말하였다.
"하안거 내내 여러분을 위해 말을 했는데, 보아라, 내 눈썹이 남아 있느냐?"[22]
이에 대해 보복은 "도둑이 제발 저린다더니……" 하였고, 장경은 "(눈썹이) 돋아나는군요"[23] 하였고, 운문은 "입을 막아버리십시오" 하였다.

頌 翠嵒示徒 千古無對 關字相酬 失錢遭罪 潦倒保福 抑揚難得 嘮嘮翠嵒 分明是賊 白圭無玷 誰辨眞假 長慶相諳 眉毛生也

취암이 문도에게 한 말
천고에 답할 자가 없구나.
입을 막으라고 응수한 자
돈 잃고 처벌까지 받은 꼴이고

---

22) 설법을 많이 하면 거짓말도 자연 많아지니, 대반야를 비방한 죄로 눈썹이 빠진다는 속설이 있다.
23) 종일토록 말을 한들 무슨 허물이 되느냐는 뜻이다.(각운의 『선문염송설화』 1128칙)

흐릿한 보복의 말은
비난인지 칭찬인지 알 수가 없네.
수다스런 취암이야말로
분명 도둑이로다.
흰 구슬에는 티가 없으니[24]
진짠지 가짠지 뉘라서 가려내리오.
장경이 암암리에 알아차리고
눈썹이 난다고 대답하였네.

【제9칙】 趙州, 동서남북

擧 僧問趙州 如何是趙州 州云 東門西門南門北門

한 스님이 조주에게 물었다. "어떤 것이 조주입니까?"
조주가 대답하였다. "동쪽에도 문, 서쪽에도 문, 남쪽에도
문, 북쪽에도 문이지."[25]

---

24) 흰 구슬[白圭]은 고대에 천자가 제후를 봉할 때 쓰던 보물이다.
여기서는 취암의 말을 가리킨다.
25) 趙州從諗 스님은 조주성 觀音院에 살았다. 중국의 성에는 으레
동서남북에 문이 있어 아무나 그 문을 통해 드나들 수 있다. 각
운은『선문염송설화』(410칙)에서 다음과 같이 설명한다. "그 스님
은 조주의 內證處를 물은 것인데, 조주는 外趙州 바깥에 內趙州
가 따로 있는 것이 아니라는 뜻에서 그렇게 대답하였다."

[頌] 句裏呈機劈面來 爍迦羅眼絶纖埃 東西南北門相對 無限輪鎚擊不開

말속에 기개를 내놓고 부딪쳐 왔으나
삭가라의 눈에는 티끌 하나 없구나.26)
동서남북에 마주보고 있는 문
아무리 철퇴를 휘둘러도 열리지 않네.

【제10칙】 睦州, 할을 한 뒤에는 어쩌겠느냐

擧 睦州問僧 近離甚處 僧便喝 州云 老僧被汝一喝 僧又喝 州云 三喝四喝後作麽生 僧無語 州便打云 這掠虛頭漢

목주가 한 스님에게 "요즘 어디 있다 떠나왔나?" 하고 묻자 그 스님이 대뜸 꽥 하고 소리를 질렀다. 목주가 "노승이 너에게 일갈을 당했구나" 하자 그 스님이 또 소리를 질렀다. 그러자 목주가 "세 번 네 번 소리를 지른 뒤에는

---

26) 삭가라는 용왕의 이름. 삭가라의 눈은 堅固眼, 金剛眼이라 번역한다. 걸림없이 비춰보기 때문에 천리 밖에 있는 털끝까지 볼 수 있다. 뿐만 아니라 옳고 그름을 가리고, 득실을 분별하고, 길흉을 식별하기도 한다.(원오의 평창에서) 여기서는 설두가 조주를 높이는 뜻으로 한 말이다.

어쩌겠느냐?" 하니 그 스님이 대꾸가 없었다. 목주가 "이런 사기꾼!" 하면서 그를 때렸다.

頌 兩喝與三喝 作者知機變 若謂騎虎頭 二俱成瞎漢 誰瞎漢 拈來天下與人看

두 번 세 번 내지른 할
대가답게 기변을 알았다 하리.
호랑이 대가리에 올라탔다 한다면
둘다 모두 눈이 멀리라.
누가 눈 먼 자인가?
사람들 앞에다 끌어내 보라.

【제11칙】黃檗, 술지게미나 먹는 놈

舉 黃檗示衆云 汝等諸人 盡是噇酒糟漢 恁麼行脚 何處有今日 還知大唐國裏無禪師麼 時有僧出云 只如諸方匡徒領衆 又作麼生 檗云 不道無禪 只是無師

황벽이 대중에게 말하였다.
"그대들은 모두 술지게미나 먹는 놈들이다. 그런 식으로 행각하고 다닌다면 어느 곳에 오늘이 있겠느냐. 대당국에 선사가 없는 줄을 아느냐?" 그때 한 스님이 나서서 말하였다. "그렇다면 여러 선방에서 대중들을 이끌고 가르치는 자는 뭡니까?" 황벽이 말하였다. "선이 없다는 게 아니라 선사가 없다는 말이다."

頌 凜凜孤風不自誇 端居寰海定龍蛇 大中天子曾輕觸
三度親遭弄爪牙

늠름하고 고고한 기풍을 자랑하지 않고
온 나라에 걸터앉아 용과 뱀을 구별하네.
대중천자 그를 슬쩍 건드렸다가
세 번이나 손톱과 어금니에 당했다네.27)

---

27) 대중천자는 唐 憲宗의 아들 宣宗을 말한다. 그는 화를 피해 절에 들어가 머리를 깎고 사미가 되어 이곳 저곳을 행각하였다. 塩官 齊安 스님의 회하에서 서기로 있었는데, 황벽이 마침 그곳에 首座로 있었다. 하루는 황벽이 예불을 하는데 대중이 와서 물었다. "불법승 어디에도 집착하지 말아야 하는데, 절은 해서 무얼하십니까?" "불법승 어디에도 집착하지 않고 항상 이렇게 절을 합니다." "절은 해서 무엇 하려구요?" 그러자 황벽이 갑자기 따귀를 후려쳤다. 대중이 "되게 거친 사람이네" 하자 황벽이 "여기에 무엇이 있다고 거칠다느니 곱다느니 하느냐"며 다시 한번 따귀를 때렸다. 이 일을 계기로 대중이 왕위에 오른 뒤에 황벽에게 麤行沙門이라는 별명을 붙였다.(원오의 평창에서)

【제12칙】 洞山, 삼 세 근

擧 僧問洞山 如何是佛 山云麻三斤

한 스님이 동산에게 "무엇이 부처입니까?" 하고 물으니 동산이 "삼 세 근이다" 하였다.

頌 金烏急玉兎速 善應何曾有輕觸 展事投機見洞山 跛鱉盲龜入空谷 花簇簇錦簇簇 南地竹兮北地木 因思長慶陸大夫 解道合笑不合哭 嚱

신속하게 움직이는 해와 달같이
훌륭한 응수에 어찌 경솔함이 있으랴.
일을 들어 기연에 맞춰준 것으로 동산을 이해한다면
절름발이 자라, 눈먼 거북이 빈 골짝에 드는 꼴이네.
꽃 장식, 비단 장식 화려하지만
남쪽에는 대나무, 북쪽에는 수목일세.[28]

---

28) 여기에는 다음과 같은 유래가 있다. 한 스님이 智門에게 물었다. "동산스님이 삼 세 근이라 한 뜻이 무엇입니까?" 지문이 대답했다. "있는 족족 꽃이요 있는 족족 비단이로다. 알겠느냐?" "모르겠습니다." "남쪽에는 대나무, 북쪽에는 수목이다." 그 스님이 돌아와서 동산에게 이 말을 전하자 동산은 "그대에게 말하지 않고 대중에게 말하겠다" 하고는 상당하여 법문을 하였다. "자신의 말로 차별된 만사를 펼칠 수가 없고, 대화를 통해서 全機에 투합할 수가 없다〔言無展事 語不投機〕. 말을 그대로 따르는 자는 목숨을 잃을 것이요, 언구에 막히는 자는 미혹할 것이다〔承言者喪 滯句

이 일로 장경과 육대부가 생각나누나.
웃을 일이지, 울 일이 아니라고 했어야 하리.29)
이!

【제13칙】 巴陵, 제바종

擧 僧問巴陵 如何是提婆宗 巴陵云銀椀裏盛雪

한 스님이 파릉에게 "어떤 것이 제바종30)입니까?" 하고

着迷]."
설두는 사람들의 알음알이를 깨뜨려주려고 일부러 이 사건을 송에 인용하였다. 그런데도 후인들이 麻는 상복이고 대나무는 상을 치를 때 쓰는 지팡이라는 둥 헛소리를 한다. 그래서 꽃과 비단을 들먹였는데, 여기서 꽃과 비단은 관 뚜껑을 장식하느라고 그려 넣은 꽃을 말한다. '남쪽엔 대나무 북쪽엔 수목'이란 말과 '마삼근'은 '아비'와 '애비'의 차이다.(원오의 평창에서)
29) 陸亘大夫가 宣州 觀察使로 있을 때 南泉을 찾아갔으나 돌아가신 뒤었다. 남전이 돌아가셨다는 소식을 듣고 절에 들어가 제사를 지내다가 갑자기 큰 소리로 웃으니 원주가 대부에게 물었다. "돌아가신 스님과 대부는 사제지간인데 어째서 울지 않습니까?" 대부가 말하였다. "그대가 한마디 할 수 있다면 내 곡을 하리다." 원주가 아무 말 없자 대부가 큰 소리로 곡을 하면서 "아이고, 아이고, 스님께서 세상을 떠나셨구나." 하였다. 長慶이 뒤에 이 소문을 듣고 "대부는 웃었어야지, 울 일이 아니다"라고 하였다.(원오의 평창에서)
30) 제바는 龍樹에게 心印을 전수받고, 선종의 15조가 되는 迦那提婆를 말한다. 그의 저서 중에 『百論』이 있는데, 이는 용수의 『중

묻자 파릉이 "은 주발에 눈이 가득 담겼구나"31) 하였다.

頌 老新開端的別 解道銀椀裏盛雪 九十六箇應自知 不知却問天邊月 提婆宗提婆宗 赤旛之下起淸風

신개32)의 노인네, 확실히 구별해 주었네.
은주발에 눈이 가득 담겼다고 말을 하다니.
아흔여섯 외도들도 알았으리라.
몰랐다면 하늘에 뜬 달에게 물어보아라.
제바종, 제바종이여.
붉은 깃발 아래 맑은 바람 일으켰네.33)

론』,『십이문론』과 함께 三論으로 불리운다. 당대에 이 세 가지를 가지고 空의 이치를 주로 공부하던 학파가 성했는데 삼론종, 또는 제바종이라고 하였다.
31) 이 말은 원래 洞山良介 선사의『寶鏡三昧』에 나오는 글이다. "銀椀盛雪 明月藏鷺"라 하고 이어서 "類而不齊 混則知處"라는 설명을 달고 있다. 즉 다같은 불법 안의 제바종과 선종이라서, 표면적으로 보자면 똑같은 흰색인 것 같지만 사실상은 다르다는 것이다.(王進瑞『碧嚴錄講義』에서)
32) 파릉은 新開院이라는 절에 살았다.
33) 인도에서는 토론을 하려면 그에 앞서 왕명을 받고 큰 사원에서 종과 북을 친 뒤에 한다. 제바가 살던 당시에는 불교를 배척하던 외도들의 방해로 사원에서 종과 북을 칠 수 없었다. 제바는 불법에 어려운 시절이 오리라는 것을 알고 신통력으로 누각에 올라 종을 쳤다. 이에 외도가 와서 시비를 걸어 토론이 벌어졌는데, 끊임없이 문답을 주고 받은 끝에 외도가 굴복하였다. 논쟁에서 이긴 제바는 당시 인도의 관습대로 손에 붉은 깃발을 들었고, 외도는 그 깃발 아래 서 있었다. 뒤에 그 외도는 무리를 이끌고 불

【제14칙】 雲門, 상대적인 한마디

擧 僧問雲門 如何是一代時敎 雲門云對一說

한 스님이 운문에게 "무엇이 부처님 일생의 가르침을 시기별로 구분해놓은 것입니까?" 하고 묻자 운문이 "상대적인 한마디로다" 하였다.

頌 對一說 太孤絶 無孔鐵鎚重下楔 閻浮樹下笑呵呵 昨夜驪龍拗角折 別別 韻34)陽老人得一橛

운문의 대일설, 너무나도 고고하다.
구멍 없는 쇠망치로 거듭 쐐기 박았구나.35)
염부나무 아래서 크게 깔깔 웃으니36)

교에 귀의하였다.(원오의 평창에서)

34) 신수대장경에는 韻으로 되어 있으나 韶의 誤記인 듯하다. 韶陽은 운문이 살던 곳.
35) 구멍 없는 쇠망치는 자루를 박을 수 없기에 쓸모가 없다. 그러나 운문은 능란한 솜씨로 그것을 가지고 큰 활용을 일으켰다는 것이다.
36) 운문은 평소 한 법 속에 세 법을 갖추어 법문을 했는데, 하늘과 땅을 뒤덮는 구〔函蓋乾坤〕·물결과 파도를 따르는 구〔隨波逐浪〕·많은 흐름을 끊는 구〔截斷衆流〕가 그것이다. 운문은 이 3句로 납승들을 쥐락펴락하면서 생각을 붙일 여지를 허락하지 않았다.

어젯밤에 검은 용은 뿔이 꺾여버렸네.
별나구나, 별나구나.
소양노인(운문)이 그 한 쪽을 얻었도다.

【제15칙】 雲門, 전도된 한마디

擧 僧問雲門 不是目前機 亦非目前事時 如何 門云倒一
說

한 스님이 운문에게 "눈앞의 작용도 없고 눈앞의 사태도 없다면 어떻습니까?" 하고 물으니 운문이 "전도된 한마디로다" 하였다.[37]

頌 倒一說 分一節 同死同生爲君訣 八萬四千非鳳毛 三十三人入虎穴 別別 擾擾忽忽水裏月

염부나무는 수미산 남쪽에 서식하는 나무인데 너무 크고 높아서 염부제 전체에 그림자를 드리운다.(원오의 평창에서)
이상 두 대목의 평창으로 미루어보건대, 염부나무 아래서 크게 웃었다는 것은 운문의 函蓋乾坤의 경지를 가리키는 듯하다.

[37] 질문을 던진 자는 現前의 인식작용(機)과 인식대상(事)이 일어나기 전, 즉 부모미생전 소식을 가지고 물어온 것이다. 이에 대해 운문은 전도된 말이라 하였다. 지금 너에게서 생생하게 일어나고 있는 사태를 주시하면 될 뿐인데, 하필 일어나기 전 소식을 물어 무엇하느냐는 것이다.(王進瑞, 『碧巖錄講義』에서)

도일설은 반으로 쪼개진 符節이로다.[38]
생사를 같이하며 그대에게 비결을 전했지만
팔만 사천 터럭이 다 봉황의 털 아니었고
세른세 분 조사만이 범의 굴에 들어갔네.
별나구나, 별나구나.
흔들흔들 너울대는 물속의 달이로다.[39]

【제16칙】 鏡淸, 안팎에서 쪼아서 알에서 깨어나게 함

舉 僧問鏡淸 學人啐 請師啄 淸云還得活也無 僧云 若不活 遭人怪笑 淸云也是草裏漢

한 스님이 경청에게 청하였다.
"저는 안에서 쪼겠으니 스님께선 밖에서 쪼아주십시오."[40]

---

38) 앞의 화두 對一說과 이 倒一說이 한 짝이 된다는 뜻인 듯하다.
39) 물이 잔잔하면 물속에 비친 달도 움직이지 않으나 물이 흔들리면 달도 따라 흔들린다. 운문은 사람들에게 스스로 생생한 기틀을 명확히 깨닫도록 하고 절대로 남의 말에 끄달리지 않게 하였다. 그대들이 만일 남을 따라간다면, 말 그대로 "흔들흔들 흔들리는 물속의 달"이 될 것이다.(원오의 평창에서)
40) 병아리가 알 속에서 자랄 만큼 자라서 나올 때가 되면, 안에서는 새끼가 껍질을 쪼고 밖에서는 어미가 껍질을 쫀다. 이를 스승과

경청이 말하였다.

"살아 나올 수 있겠느냐?"

"살아나지 못한다면 사람들의 웃음거리가 되겠지요."

"과연 형편없는 놈이군."

頌 古佛有家風 對揚遭貶剝 子母不相知 是誰同啐啄 啄
覺 猶在殼 重遭撲 天下衲僧徒名邈

옛 부처에겐 가풍이 있었는데[41]
이들은 거량했다 망신만 당했네.
어미와 새끼가 알지도 못하는데
안팎에서 동시에 누가 쪼아주리요.
쪼아서 깨어주었건만
껍질 속을 나오지 못하고 다시 얻어맞았구나.
천하의 선승들 허명만 더듬네.

제자의 관계에 비유하여 啐啄同時라 한다.
41) 부처는 태어나자마자 몇 걸음 걷고 하늘 땅을 가리키고 사방을 둘러보며 천상천하에 유아독존이라 하였다. 이에 대해 운문이 "내가 그때 보았더라면 한방에 쳐 죽여 개에게나 던져주어 천하 태평을 도모했을 것이다"라고 하였다. 이런 것이 옛 부처의 가풍이며 훌륭한 거량이다. 줄탁의 기연이라면 이 정도는 되어야 한다.(원오의 평창에서)

【제17칙】 香林, 조사가 서쪽에서 오신 뜻

擧 僧問香林 如何是祖師西來意 林云坐久成勞

한 스님이 향림에게, 조사께서 서쪽에서 오신 의도가 무엇이냐고 묻자, 향림이 오래 앉아 있었더니 피곤하다고 대답하였다.

頌 一箇兩箇千萬箇 脫却籠頭卸角駄 左轉右轉隨後來 紫胡要打劉鐵磨

한 명, 두 명, 천만 명이
굴레를 벗고 짐을 풀었네.
이리저리 뒤나 따라오는 놈
자호가 봤다면 유철마 때리듯 했겠지.42)

---

42) 유철마는 潙山 아래 암자를 짓고 사는 비구니였는데, 하루는 자호가 찾아가서 "그 유명한 鐵磨[쇠맷돌] 아니신가?" 하니 유철마가 "그렇습니다" 하였다. 자호가 "맷돌이 오른쪽으로 돌던가, 왼쪽으로 돌던가?" 하자 유철마가 "스님께선 전도망상을 떨지 마시오" 하였다. 그 말이 끝나기 무섭게 자호가 유철마를 때렸다. (원오의 평창에서)

【제18칙】 慧忠國師, 무봉탑[43]

擧 肅宗皇帝問忠國師 百年後 所須何物 國師云與老僧 作箇無縫塔 帝曰請師塔樣 國師良久云會麼 帝云不會 國師云 吾有付法弟子耽源 却諳此事 請詔問之 國師遷化後 帝詔耽源問 此意如何 源云 湘之南潭之北(雪竇著語云 獨掌不浪鳴) 中有黃金充一國(雪竇著語云 山形拄杖子) 無影樹下合同船(雪竇著語云 海晏河淸) 瑠璃殿上無知識(雪竇著語云 拈了也)

　숙종 황제가 혜충국사에게 "백 년 후(돌아가신 뒤)에 무엇을 해드릴까요?" 하고 묻자 충국사가 "무봉탑이나 하나 만들어 주십시오"라고 대답하였다. 황제가 탑의 모델을 말해달라고 하자 국사가 아무 말 없이 있다가 "아셨습니까?" 하니 황제가 모르겠다고 하였다. 국사가 "내 법제자 중에 탐원이라는 이가 있는데, 그가 이 일을 알고 있을 터이니 그를 불러 물어보시오" 하였다.

　혜충국사가 돌아가신 뒤 황제가 탐원을 불러 국사의 의도를 물었더니 탐원이 이렇게 대답하였다.

　"상주의 남쪽, 담주의 북쪽."

　(설두가 한마디 붙였다. "한 손바닥만으론 소리가 나지 않는 법.")

---

43) 天衣無縫이라는 말이, 재단하고 꿰맨 흔적이 없는 하늘나라의 옷을 뜻하듯, 無縫塔도 인위조작이 전혀 들어가지 않은 탑을 말한다.

그 땅에는 황금이 가득 찼다.44)

(설두가 한마디 붙였다. "산만한 주장자로다.")

그늘 없는 나무 밑에 한 배를 탔으나45)

(설두가 한마디 붙였다. "바다는 잔잔하고 물은 맑다.")

유리 궁전 안에는 아는 자가 없어라.46)

(설두가 한마디 붙였다. "염송 한번 잘했구나.")

頌 無縫塔見還難 澄潭不許蒼龍蟠 層落落影團團 千古萬古與人看

무봉탑은 보기가 어렵구나.

맑은 못은 푸른 용을 용납지 않는 법.

크나큰 층층 탑, 동글동글한 그림자를

---

44) 황금은 靈骨〔사리〕을 뜻한다.(각운의 『선문염송설화』 146칙)

45) 나무는 원래 그늘을 드리워 일체를 덮어주는 것이며 배는 사람을 이쪽에서 저쪽으로 실어다 주는 것이다. 각운도 이 구절을 化門으로 풀이하고 있다. 그런데 그늘 없는 나무라 했으니, 즉 제도할 중생도 없다는 것이다. 그래서 설두도 海晏河淸이라 하였다.(각운의 『선문염송설화』 146칙)

46) 瑠璃殿上無知識에 대하여는 해설이 구구하다. 萬松은 "彌勒의 누각에 문도 없고 善財도 없다" 한 화엄경의 내용으로 보아 '無知識'을 '미륵이 없다'로 해석하였다. 또는 숙종 황제가 알아듣지 못한 것을 두고 송한 구절이라고 풀이하기도 하며, 智나 識으로는 알 수 없다는 뜻에서 그렇게 송했다고 풀이하기도 한다. 또는 알아주는 이〔知音〕가 없다고 풀이하기도 하고, 왕의 궁전에 이끼가 돋고 신하가 설 자리가 없는, 이른바 證位를 송한 것이라고도 한다.(각운의 『선문염송설화』 146칙)

천고만고에 사람들에게 보여준다네.

【제19칙】 俱胝, 손가락 하나를 세워 보이다

舉 俱胝和尙 凡有所問 只竪一指

구지화상은 누가 묻기만 하면 손가락 하나를 세울 뿐이었다.47)

頌 對揚深愛老俱胝 宇宙空來更有誰 曾向滄溟下浮木 夜濤相共接盲龜

---

47) 구지스님이 처음 암자에 주지로 있을 때, 實際라는 비구니가 찾아와서 삿갓도 벗지 않고 지팡이를 든 채 선상을 세 바퀴 돌면서, 한마디 한다면 삿갓을 벗겠다고 하였다. 이렇게 세 번을 하였으나 구지가 대답을 못하자 비구니가 떠나겠다고 하였다. 구지가 날이 저물었으니 하루 묵어가라고 청하였으나, 이번에도 한마디 한다면 쉬어가겠다고 하였다. 구지가 아무 대답을 못하자 비구니는 떠나버렸다. 구지는 장부답지 못한 자신을 부끄러워하며 제방의 선지식을 찾아 참문하려고 분심을 일으켰다. 행각을 떠나려고 짐 챙기고 잠이 들었는데 꿈에 산신이 나타나서 내일 肉身菩薩이 찾아와 그대를 위해 법문을 해줄 것이니 떠날 것 없다고 말해주었다. 과연 다음날 天龍스님이 찾아왔는데, 구지가 앞의 일을 전부 말해주니 천룡이 한 손가락을 들어 보였다. 구지는 그 순간 활짝 깨쳤고, 그 뒤로 누가 와서 법을 묻기만 하면 손가락 하나를 세워 보였다.(원오의 평창에서)

구지노인의 응대를 가장 좋아하노니
우주 공중에 그런 이가 또 있으랴.
망망대해에 나무토막을 던져
밤바다를 헤매는 눈먼 거북 건져주네.

【제20칙】 龍牙, 조사서래의는 없다

擧 龍牙問翠微 如何是祖師西來意 微云 與我過禪板來 牙過禪板與翠微 微接得便打 牙云打卽任打 要且無祖師西來意 牙又問臨濟 如何是祖師西來意 濟云 與我過蒲團來 牙取蒲團過與臨濟 濟接得便打 牙云打卽任打 要且無祖師西來意

용아가 취미에게 "조사가 무슨 의도로 서쪽에서 오셨습니까?" 하고 묻자 취미가 "내게 선판을 가져다 달라"고 하니 용아가 선판을 가져다 건네주었다. 취미가 받자마자 용아를 때리니 용아가 "때릴 테면 맘대로 때리시오만 거기에 조사가 서쪽에서 오신 의도는 없습니다" 하였다.

용아가 다시 임제에게 "조사가 무슨 의도로 서쪽에서 오셨습니까?" 하고 묻자 임제가 "내게 깔개를 가져다 달라."고 하니 용아가 깔개를 가져다 건네주었다. 임제가 받자마자 용아를 때리니 용아가 "때릴 테면 맘대로 때리시오만 거기에 조사가 서쪽에서 오신 의도는 없습니다" 하였다.

頌 龍牙山裏龍無眼 死水何曾振古風 禪板蒲團不能用 只應分付與盧公
(雪竇復拈云 這老漢 也未得勦絶 復成一頌)
盧公付了亦何憑 坐倚休將繼祖燈 堪對暮雲歸未合 遠山無限碧層層

용아산의 용은 눈이 멀었구나.
죽은 물속에서 어찌 옛 가풍을 펼치리.[48]
선판도 깔개도 쓸 줄을 모르니
내게 그만 넘겨주는 것이 좋겠다.
(설두가 이 이야기를 다시 거론하고서 "이 노인네, 그래도 미진하여 송 한 수를 덧붙인다" 하고 다음과 같이 읊었다.)
나에게 넘겨준들 믿을 만한가.
깔개와 선판으로 조사의 등불 이으려 말라.
볼 만하구나. 띄엄띄엄 돌아가는 저녁 구름
무한히 펼쳐진 먼 산의 푸르름이여.

---

48) 선판을 갖다달라고 해서 선판을 갖다주고, 깔개를 갖다달라고 해서 깔개를 갖다준 용아의 행위를 두고 설두가 죽은 물에 빠져 있다고 한 것이다.(원오의 평창에서)

【제21칙】 智門, 연꽃

擧 僧問智門 蓮花未出水時如何 智門云蓮花 僧云出水後如何 門云荷葉

한 스님이 지문에게 물었다.[49]
"연꽃이 물에서 나오기 전에는 어떻습니까?"
"연꽃이지 뭐."
"물에서 나온 뒤에는 어떻습니까?"
"연잎이지 뭐."

頌 蓮花荷葉報君知 出水何如未出時 江北江南問王老 一狐疑了一狐疑

연꽃이다 연잎이다 그대에게 알려주었건만
나왔을 때와 안 나왔을 때가 어떠하더냐.
강북 강남에서 아무에게나 묻고 다니며
여우같은 의심을 내고 또 내는구나.[50]

---

49) 그 스님은 부처님이 세상에 나오시기 전과 나오신 다음의 일이 어떻게 다르냐고 물은 것인데, 지문은 출세가 곧 미출세요 미출세가 곧 출세라는 뜻으로 대답하였다.(각운의 『선문염송설화』 1281칙)

【제22칙】 雪峯, 남산의 자라코 뱀

擧 雪峯示衆云 南山有一條鼈鼻蛇 汝等諸人 切須好看 長慶云 今日堂中 大有人喪身失命 僧擧似玄沙 玄沙云 須是稜兄始得 雖然如此 我卽不恁麼 僧云 和尙作麼生 玄沙云 用南山作什麼 雲門以拄杖 攛向雪峯面前 作怕勢

설봉이 대중들에게 법문하였다. "남산에 자라코 뱀 한 마리가 있다는데, 그대들은 부디 조심하거라." 그러자 장경이 "오늘도 절 안에서 많은 사람들이 목숨을 잃었답니다" 하였다.

한 스님이 현사에게 이 이야기를 전하자 현사가 "혜릉 (장경) 사형이니까 그렇게 할 수 있었겠지. 하지만 나라면 그렇게 하지 않겠다" 하였다. 그 스님이 "화상께선 어찌하시겠습니까?" 하자 현사가 "남산 어쩌구저쩌구 할 필요도 없다" 하였다.

운문은 주장자를 (스승) 설봉의 면전에 던지면서 겁주는

---

50) 여우는 의심이 많은 동물이다. 언 강을 건널 때는 얼음이 깨져 물에 빠질까봐 항상 물소리를 듣고 나서 얼음 깨지는 소리가 안 들려야 비로소 건넌다고 한다. 참선하는 사람들이 그 자리에서 보아내지 못하고 여기저기 제방의 노스님들을 찾아 묻고 또 묻고 다니는 것을 여우에 비유했다.

시늉을 하였다.

> 頌 象骨巖高人不到 到者須是弄蛇手 稜師備師不柰何 喪身失命有多少 韶陽知重撥草 南北東西無處討　忽然突出拄杖頭 抛對雪峯大張口 大張口兮同閃電 剔起眉毛還不見 如今藏在乳峯前 來者一一看方便(師高聲喝云 看脚下)

상골암[51]은 높아서 오르기 어려우니
오르는 자라면 솜씨 좋은 뱀꾼이리.
혜릉도 사비(현사)도 어쩔 수 없었으니
목숨을 잃은 자 얼마이던가.
소양(운문)이 알고서 거듭 풀숲을 헤쳤으나
동서남북 어디서도 찾을 수 없다가
별안간 주장자를 불쑥 내밀어
설봉에게 큰 아가리 던져버렸네.
큰 아가리, 번갯불 같아서
눈썹을 치켜세워도 보이지 않네.
이제는 유봉[52] 앞에 숨어 있으리니
오는 자들은 모두 다 잘 살펴보아라.
(스님께선 큰 소리로 "발 밑에!" 하고 외치셨다.)

---

51) 설봉의 거처.
52) 설두가 거처하던 설두산의 한 봉우리.

【제23칙】 保福과 長慶, 산 구경을 갔다가

擧 保福長慶遊山次 福以手指云 只這裏便是妙峯頂 慶云 是則是 可惜許(雪竇著語云 今日共這漢遊山 圖箇什麽 復云 百千年後不道無 只是少) 後擧似鏡淸 淸云 若不是孫公 便見髑髏遍野

보복과 장경이 산에서 유람을 하던 차에 보복이 손가락으로 가리키며 "여기가 묘봉 꼭대기[53]요" 하자 장경이 말하였다. "그렇긴 하네만, 좀 애석하군."(설두가 여기다 한마디 붙였다. "도대체 뭘 하자고 이자들이 산 구경을 갔단 말인가?" 다시 한마디 붙였다. "백 년, 천 년 뒤에 그 뜻을 알 사람이 없을 것이라고 말하지 말라. 단지 적을 뿐이다.")

뒤에 경청에게 이 이야기를 전했더니 경청이 말하였다. "손공(장경)이 아니었다면 온 들판에 해골만 깔렸을 걸세."

---

53) 妙峰頂은 『화엄경』에 나오는 이야기다. 묘봉정에 사는 德雲비구는 산에서 내려오지 않았다. 선재동자는 그곳으로 찾아갔으나 7일동안 만나지 못하다가 묘봉정이 아닌 다른 곳에서 그를 만났는데, 그는 선재동자를 보자마자 一念三世와 보현법문을 일러주었다고 한다.
李通玄 長者는 妙峰孤頂을 一味平等한 법문이라고 해석하고, 낱낱이 진실하고 완전하며 시비득실이 없는 곳이어서 훤히 드러나 있건만 선재동자가 그것을 보지 못했을 뿐이라 하였다.(원오의 평창에서)

[頌] 妙峯孤頂草離離 拈得分明付與誰 不是孫公辨端的
髑髏著地幾人知

묘봉 꼭대기에 우거진 수풀
분명히 집어들었으나 누구에게 전해줄까.
손공이 확실히 가려주지 않았다면
땅에 널린 해골 중에 몇이나 알까.

【제24칙】 劉鐵磨, 위산에 가다

擧 劉鐵磨到潙山 山云 老牸牛 汝來也 磨云 來日臺山
大會齋 和尙還去麼 潙山放身臥 磨便出去

유철마54)가 위산에 갔는데, 위산이 "늙은 암소여, 그대
가 왔구나" 하니 유철마가 "내일 오대산55)에 큰 재가 있다
는데, 스님도 가시렵니까?" 하였다. 위산이 벌렁 드러눕자
유철마가 나가버렸다.56)

---

54) 유철마는 비구니였는데 오랫동안 참구하여 機鋒이 높고 준험하
였으므로 사람들이 그에게 劉鐵磨〔쇠맷돌 유씨〕라는 이름을 붙
여주었다.(원오의 평창에서)
55) 오대산은 위산과 수천 리나 떨어져 있다. 유철마는 무엇 때문에
위산에게 머나먼 오대산까지 가자고 하였을까?(원오의 평창에서)
56) 위산도 철마도 각각 그럴 일이 없다는 뜻이다.(각운의 『선문염송

頌 曾騎鐵馬入重城 敕下傳聞六國淸 猶握金鞭問歸客 夜深誰共御街行

철마 타고 겹겹의 성 쳐들어갔으나
육국이 평정되었단 칙령을 전해들었네.
그래도 쇠채찍 움켜쥐고 돌아온 자에게 묻는구나.
깊은 밤, 뉘와 함께 대로를 거닐어볼까.

【제25칙】 蓮花峯 庵主, 주장자

擧 蓮花峯庵主 拈拄杖示衆云 古人到這裏 爲什麼不肯住 衆無語 自代云爲他途路不得力 復云 畢竟如何 又自代云 㮮㮦橫擔不顧人 直入千峯萬峯去

연화봉의 주지가 대중에게 주장자를 들어 보이면서 "옛분들은 어째서 여기 머무르려 하지 않았을까?" 하였다.[57] 대중들이 말이 없자 대중을 대신해서 자기가 말하였다. "그들이 가는 길에 힘이 되지 못했기 때문이다."

설화』 374칙)

57) 주장자는 납승이 일상생활에 늘 쓰는 물건이며, 본래면목을 상징하기도 한다. 그런데 옛분들은 여기에도 머물지 않았다는 것이다.

그리고는 다시 "결국 어쩌잔 말인가?" 하고는 이번에도 대중을 대신해서 말하였다. "아무도 돌아보지 않고 주장자를 둘러메고 천봉 만봉 산속으로 곧장 가련다."

頌 眼裏塵沙耳裏土 千峯萬峯不肯住 落花流水太茫茫 剔起眉毛何處去

눈과 귀에 티끌과 흙 뒤집어쓰고58)
천봉 만봉 속에도 머물지 않았네.
지는 꽃, 흐르는 물 어찌 그리 급한가.
눈을 치켜 떠도 간 곳을 모르겠네.

【제26칙】百丈, 특별한 일
擧 僧問百丈 如何是奇特事 丈云獨坐大雄峯 僧禮拜 丈便打

한 스님이 백장에게 "무엇이 특별한 일입니까?" 하고 묻자 백장이 "대웅봉에 홀로 앉았다" 하였다. 그 스님이 절을 하자 백장이 그를 때렸다.

---

58) 겉으로는 어리숙하게 보이는 연화봉 주지의 경지를 묘사한 것이다.(원오의 평창에서)

頌 祖域交馳天馬駒 化門舒卷不同途 電光石火存機變 堪笑人來捋虎鬚

조사의 세계를 천마처럼 달려서
쥐락펴락 교화 방편 남다른 면 있었네.
전광석화 속에서 임기응변 구사했으나59)
우습도다. 호랑이 수염을 잡아당긴 꼴이네.

【제27칙】 雲門, 가을바람

擧 僧問雲門 樹凋葉落時如何 雲門云體露金風

한 스님이 운문에게 "나무가 말라 잎이 떨어지면 어떻습니까?"60) 하고 묻자 운문이 "온몸을 드러낸 채 가을바람을 맞지" 하였다.

頌 問旣有宗 答亦攸仝 三句可辨 一鏃遼空 大野兮涼飆颯颯 長天兮疎雨濛濛 君不見 少林久坐未歸客 靜依熊

---

59) 질문한 스님이 절을 올린 일이 조금은 임기응변이 있었다는 것이다.(원오의 평창에서)
60) 껍데기는 다 떨어져서 오직 하나의 진실만 남은 경계를 물어온 것이다.(각운의 『선문염송설화』 1015칙)

耳一叢叢

물음에도 뜻이 있고 답에도 뜻이 있네.
화살 한 대가 3구[61]를 뚫고 허공까지 날았다.
넓은 들판엔 회오리, 먼 하늘엔 가랑비.
그대는 아는가.
소림사에 오래 앉아 돌아가지 못한 선객
웅이산[62] 한쪽 숲에 고요히 사는 줄을.

【제28칙】 南泉, 마음도 부처도 물건도 아닌

擧 南泉參百丈涅槃和尙 丈問 從上諸聖 還有不爲人說底法麼 泉云有 丈云 作麼生是不爲人說底法 泉云 不是心 不是佛 不是物 丈云說了也 泉云 某甲只恁麼 和尙作麼生 丈云 我又不是大善知識 爭知有說不說 泉云 某甲不會 丈云我太殺爲爾說了也

남전이 백장산 열반(惟政)화상을 찾아갔다. 백장이 옛 성인들에게도 남에게 말해주지 못한 것이 있느냐고 묻자, 남

---

61) 운문은 평소에 函蓋乾坤, 隨波逐浪, 截斷衆流 이 3구로 학인들을 지도하였다.
62) 소림사가 있는 西京 嵩山. 달마가 묻힌 곳.

전이 있다고 대답하였다. 어떤 것이 남에게 말해주지 못한 법이냐고 백장이 되묻자, 남전이 그것은 마음도 아니고 부처도 아니고 물건도 아니라고 하였다. 이에 백장이 "말을 해버렸군" 하자 남전이 "저는 이것밖에 못했습니다만 화상께선 어떠신지요?" 하였다. 백장이 "나도 대단한 선지식이 못 되는데, 말해주지 못한 법이 있는지 없는지를 어찌 알겠는가?" 하였다. 남전이 "저는 알아듣지 못하겠습니다" 하자 백장이 "내가 그대에게 너무 많이 설명을 해버렸구나" 하였다.

頌 祖佛從來不爲人　衲僧今古競頭走　明鏡當臺列像殊
一一面南看北斗　斗柄垂無處討　拈得鼻孔失却口

조사와 부처도 이제껏 남에게 못했던 말
예나 지금이나 납승들 뒤질세라 쫓아다니네.
거울이 대에 걸리면 저마다 다른 상이 나타나는데
낱낱이 남쪽을 향하고서 북두성을 바라본다.
북두성 자루는 찾을 길 없네.
코는 건졌으나 입을 잃은 꼴이란.[63]

---

63) 설두는 사람들이 잘못 이해할까봐 여기에 약간의 설명을 붙였다. "지금 눈앞에 북두성 자루가 있는데 그대들은 어디 딴 데 가서 찾느냐? 그러다간 콧구멍을 방어하면 입을 잃고 입을 방어하면 콧구멍을 잃을 것이다."(원오의 평창에서)

【제29칙】 大隋, 삼천세계가 劫火에 탈 때

擧 僧問大隋 劫火洞然 大千俱壞 未審 這箇壞不壞 隋云壞 僧云恁麽則隨他去也 隋云隨他去

한 스님이 대수에게 물었다.
"활활 타는 겁화64)에 삼천대천세계가 몽땅 무너질 때, '그것'도 무너집니까? 무너지지 않습니까?"
"무너진다."
"그렇다면 그것이 다른 것을 따라간단 말입니까?"
"다른 것을 따라가지."

頌 劫火光中立問端 衲僧猶滯兩重關 可憐一句隨他語 萬里區區獨往還

활활 타는 겁화 속에서 질문을 던졌으나
납승은 아직도 두 겹의 관문에 막혀 있다.65)
가련하다. 다른 것을 따른다는 그 말 한마디에

---

64) 成住壞空의 겁 중, 壞劫이 되면 큰 불이 나서 세계를 몽땅 태워 소멸시킨다고 함.
65) 두 겹의 관문이란, 질문한 스님이 '무너지는가?' '무너지지 않는가?' 하는 양단의 의심을 품었던 것을 가리킨다.(원오의 평창에서)

만리 밖을 구구하게 왔다 갔다 하다니.66)

【제30칙】 趙州, 진주의 큰 무

舉 僧問趙州 承聞和尙親見南泉 是否 州云鎭州出大蘿
蔔頭

한 스님이 조주에게 "화상께선 남전스님을 만나보셨다면서요? 그렇습니까?" 하고 묻자 조주가 "진주에서는 큰 무가 난다지?"67) 하였다.

頌 鎭州出大蘿蔔 天下衲僧取則 只知自古自今 爭辨鵠

---

66) 질문을 던졌던 스님은 대수의 말을 알아듣지 못하고서 골똘히 생각다 못해 投子를 찾아갔다. 투자가 그에게 어디서 왔느냐고 물으니, 西蜀 대수산에서 왔다고 하였다. 대수는 요즘 어떤 법문을 하느냐고 투자가 다시 묻자, 그가 앞에서 있었던 이야기를 전했다. 그러자 투자가 향을 사르고 절을 올리면서, "서촉 땅에 古佛이 났으니 그대는 어서 돌아가라"고 하였다. 그러나 그가 대수산으로 돌아갔을 때는 대수가 입적한 뒤였다.(원오의 평창에서) 이 구절은 그 스님이 이 질문을 가지고 대수와 투자 사이를 오간 일을 설두가 비꼰 것이다.
67) 진주에서 큰 무 난다는 것은 담양의 대나무나 안성의 놋그릇처럼 누구나 다 알고 있는 사실이다. 조주가 남전을 만난 것도 당시 천하 납승들이 다 알고 있던 사실이다. 누구나 다 아는 사실을 가지고 물어온 것이고, 조주도 그렇게 대답한 것이다.

白烏黑 賊賊 衲僧鼻孔曾拈得

진주에서 큰 무가 난다는 말을
천하의 납승들이 법칙으로 삼는데
예나 지금이나 그런 줄만 알 뿐
고니와 까마귀를 어찌 분간하리요.[68]
도둑이야, 도둑이야!
납승의 콧구멍을 벌써 훔쳐버렸구나.

【제31칙】南泉, 업풍에 의해 움직인 일

擧 麻谷持錫到章敬 遶禪床三帀 振錫一下 卓然而立 敬云是是(雪竇著語云錯) 麻谷又到南泉 遶禪床三帀 振錫一下 卓然而立 泉云不是不是(雪竇著語云錯) 麻谷當[69]時云 章敬道是 和尙爲什麽道不是 泉云 章敬卽是是 汝不是 此是風力所轉 終成敗壞

마곡이 석장을 잡고 장경에게 가서 선상을 세 바퀴 돌

---

68) 조주의 이 말씀을 법칙으로 삼는 것 자체가 벌써 틀렸다는 뜻이다.(원오의 평창에서)
69) 신수대장경에는 富로 되어 있으나 다른 본을 참고하여 當으로 읽음.

고는 석장을 한 번 흔들고 턱 서 있자 장경이 "그래, 그 래"(설두가 한마디 붙이기를 '틀렸다'고 하였다.) 하였다.

마곡이 이번에는 남전에게 가서 선상을 세 바퀴 돌고 석장을 한 번 흔들고 턱 서 있자 남전이 "아니야, 아니야" (설두가 한마디 붙이기를 '틀렸다'고 하였다.) 하였다. 마곡이 그때 "장경은 옳다고 했는데, 화상께선 어째서 틀렸다고 하십니까?" 하니 남전이 "장경은 옳았네만 그대는 틀렸네. 그런 짓은 바람에 의해 움직인 일이라 결국엔 무너지고 만 다네"[70) 하였다.

頌 此錯彼錯 切忌拈却 四海浪平 百川潮落　古策風高 十二門 門門有路空蕭索 非蕭索 作者好求無病藥

이래도 틀리고 저래도 틀리니
절대로 끄집어내지 말지어다.
사해 바다엔 물결이 잠잠하고
하천에는 물이 빠졌다.

---

70) 『圓覺經』에서는 다음과 같이 말하였다. "나의 이 몸은 四大가 모여서 된 것이다. 털 손톱 이빨 가죽 살 힘줄 뼈 골수 뇌 등 더러운 물질은 모두 땅으로 돌아가고, 침 눈물 고름 피는 모두 물로 돌아가며, 따뜻한 기운은 불로 돌아가고, 움직이는 것은 바람으로 돌아간다. 이 사대가 각각 떠나면 오늘의 이 허망한 몸은 어디에 있겠는가?" 마곡이 석장을 잡고 선상을 돌았던 일이 이미 바람에 의해 움직여 나온 것이므로 결국은 사라지고 말 것이라는 뜻이다.(원오의 평창에서)

주장자에 이는 바람 열두 문[71]보다 높은데
문마다 길은 있으나 텅 비어 쓸쓸하네.
작가종사라면 쓸쓸하지 않은 곳에서
병나기 전에 약 찾기를 즐기겠지.

【제32칙】 臨濟, 정상좌를 한 대 갈기다

擧 定上座問臨濟 如何是佛法大意 濟下禪床擒住 與一掌 便托開 定佇立 傍僧云 定上座 何不禮拜 定方禮拜 忽然大悟

정상좌가 임제에게 "무엇이 불법의 요지입니까?" 하고 묻자 임제가 선상에서 내려와 그의 멱살을 잡고 한 대 갈기고는 확 밀쳐버렸다. 정상좌가 머뭇거리고 서 있으니 옆에 있던 스님이 "정상좌는 어째서 절을 하지 않는가?" 하였다. 정상좌가 막 절하려는 순간 크게 깨달았다.

頌 斷際全機繼後蹤 持來何必在從容 巨靈擡手無多子
分破華山千萬重

---

71) 천자와 제석천왕이 기거하는 궁궐에는 12채의 붉은 대문이 있다고 한다.

단제(황벽)의 기틀, 후손(임제)에게 이어졌으니
받아 지닌 그것이 어찌 너그러움에 있으랴.72)
거령신이 손을 들어 별로 한 것 없어도
천겹 만겹의 화산을 부숴 버렸네.73)

【제33칙】 資福, 陳操에게 동그라미를 그려 보이다

擧 陳操尙書看資福 福見來 便畫一圓相 操云 弟子恁麽
來 早是不著便 何況更畫一圓相 福便掩却方丈門(雪竇云
陳操只具一隻眼)

 진조상서가 자복을 만나러 왔는데, 자복이 그가 오는 것을 보고는 동그라미 하나를 그렸다. 진조상서가 "제가 이렇게 찾아온 것도 이미 잘못된 일인데, 어쩌자고 게다가 동그라미까지 그리십니까?" 하자 자복이 방장실 문을 닫아버렸다.(설두가 "진조는 애꾸눈이로다" 하였다.)

---

72) 從容은 너그러움, 여유, 편안함을 뜻한다. 단제와 임제는 머뭇거리거나 주저함이 없는, 칼 같은 가풍을 구사하였으므로 이렇게 말했다.
73) 黃河 동쪽에 華山이 있어 물길이 막혀 흐를 수가 없었는데 巨靈神이 큰 신통력을 부려 손으로 화산을 부수어 물길을 터주었다고 한다. 산처럼 쌓인 정상좌의 의심덩어리를 임제가 한차례 따귀로 얼음풀리듯 풀어주었다는 뜻이다.(원오의 평창에서)

頌 團團珠遶玉珊珊 馬載驢駝上鐵船 分付海山無事客
釣鼇時下一圈攣(雪竇復云天下衲僧跳不出)

동글동글 진주구슬, 찰랑찰랑 옥구슬74)
말에 싣고 나귀에 싣고 배에도 싣고서
산과 바다 할 일 없는 나그네에게 나누어주어
큰 자라 낚을 때 올가미로 쓰게 하려네.
(설두가 다시 한마디 하였다. "천하의 납승들, 아무도 빠져나
오지 못하리.")

【제34칙】仰山, 오로봉엔 가 봤는가

舉 仰山問僧 近離甚處 僧云廬山 山云曾遊五老峯麼 僧
云不曾到 山云闍黎不曾遊山 雲門云 此語皆爲慈悲之故
有落草之談

앙산이 한 스님에게 물었다.
"요즘 어디서 떠나왔는가?"
"여산에서 왔습니다."
"오로봉에는 가 봤나?"
"못 가봤습니다."

---

74) 자복이 그린 一圓相을 형용한 것.

"그대는 산 구경도 안 갔단 말인가?"

이에 대해 운문이 말하였다. "이 말씀은 자비심 때문에 구구한 설명〔落草之談〕⁷⁵⁾이 되어버렸다."⁷⁶⁾

頌 出草入草 誰解尋討 白雲重重 紅日杲杲 左顧無瑕 右盼已老 君不見 寒山子 行太早 十年歸不得 忘却來時道

세간, 출세간을

뉘라서 찾아 들어갈 줄 알랴.

겹겹이 쌓인 흰구름,

---

75) 落草는 入草라고도 하는데, 양민이 천민이 되어 유랑하거나 산에 들어가 산적이 된다는 뜻이다. 불교에서는 높은 경지에 머물지 않고 중생을 위해 몸을 낮춰 풀섶에 들어가는 수고를 마다하지 않는다는 뜻으로 쓰이며, 중생의 근기에 맞게 세간의 언어로 구구하게 설명하는 것을 말한다.

76) 圜悟는 마조와 백장 간에 오갔던 비슷한 사례를 소개하고, 여기의 이야기와 비교하여 운문의 말을 해석한다.
마조가 백장에게 물었다. "어디서 오느냐?" "산 아래서 옵니다." "오는 길에 '한 사람'을 만났느냐?" "못 만났습니다." "어째서 못 만났을까?" "만났다면 스님께 말씀드렸을 것입니다." "어디서 이런 소식을 얻었느냐?" "제가 잘못했습니다." "아니다. 내 잘못이다."
앙산이 이 스님에게 던진 질문도 비슷한 유인데, 오로봉에 가봤느냐고 물었을 때 그자가 그럴 만한 자였다면 그저 "큰일났다"고 했어야 한다. 그러나 그는 오히려 가보지 못했다고 하였으니 작가라고 할 수 없다. 앙산은 어째서 법대로 시행하여 구구한 갈등을 없애지 못하고서 "그대는 산 구경도 안 갔단 말인가?"라고 말을 했을까? 이런 뜻에서 운문이 앙산을 두고 "자비심 때문에 구구한 설명이 되었다"고 한 것이다.(원오의 평창에서)

밝고 밝은 붉은 태양.77)
왼쪽으로 돌아볼 틈도 없고
오른쪽을 돌아보자 이미 늙어버렸다.
그대는 아는가, 저 한산을.
너무 일찍 길을 나서
십 년 동안 돌아가지 못하고
왔던 길마저 잊은 자를.78)

【제35칙】 文殊와 無著, 전삼삼 후삼삼

擧 文殊問無著 近離什麼處 無著云南方 殊云 南方佛法 如何住持 著云 末法比丘 少奉戒律 殊云多少衆 著云或三百或五百 無著問文殊 此間如何住持 殊云 凡聖同居 龍蛇混雜 著云多少衆 殊云前三三後三三

---

77) 범부에도 성인에도 속하지 않는 경지. 온 법계에도 감추지 못하고 모두를 덮으려 해도 덮을 수 없는, 이른바 무심의 경계를 송한 것이다.(원오의 평창에서)

78) 두 구절은 寒山의 시에 나온다.
몸 쉴 곳을 얻고자 하는가 / 나 한산이 보장하리 / 미풍이 노송을 스치는데 / 가까이 들으면 그 소리 더욱 좋아라 / 그 아래 반백의 노인네 / 뭐라뭐라 경전을 독송하네 / 십 년 동안을 돌아가지 못하고 / 오던 길마저 잊어버렸네
欲得安身處/寒山可長保/微風吹幽松/近聽聲愈好/下有斑白人/嘮嘮讀黃老/十年歸不得/忘却來時道.(원오의 평창에서)

문수가 무착에게 물었다.[79]

"요즘 어디서 떠나왔는가?"

무착이 대답하였다.

"남쪽에서 왔습니다."

"남쪽의 불법은 어떤 식으로 유지되던가?"

"말법 비구 중에 계율을 받드는 자가 별로 없었습니다."

"대중은 얼마나 되는데?"

"어떤 곳은 3백, 어떤 곳은 5백 정도 됩니다."

이번에는 무착이 문수에게 물었다.

"여기 불법은 어떻게 유지됩니까?"

문수가 대답하였다.

"범부와 성인이 함께 살고, 용과 뱀이 섞여 있지."

"대중은 얼마나 되는데요?"

"앞에도 삼삼, 뒤에도 삼삼이다."[80]

頌 千峯盤屈色如藍 誰謂文殊是對談 堪笑淸涼多少衆 前三三與後三三

쪽빛 봉우리 구비구비 천 겹인데[81]

---

79) 무착선사가 오대산을 유람하던 중 황량하고 외딴 곳에 이르게 되었다. 문수는 거기에 절을 化現시켜 그를 맞이하고 하루 묵어 가라 하여 이 이야기가 생겼다.

80) 前念 後念에 범부와 성인이 뒤섞인, 文殊·普賢의 大人境界를 나타낸 것이다.(각운의 『선문염송설화』 1436칙)

문수와 대화했다고 그 누가 그러던가.[82]
가소롭다. 청량산 대중이 얼마나 되느냐고?
앞에도 셋, 뒤에도 셋이로다.

【제36칙】 長沙, 산에 갔다 오는 길

擧 長沙一日遊山 歸至門首 首座問和尙什麼處去來 沙云 遊山來 首座云到什麼處來 沙云 始隨芳草去 又逐落花回 座云大似春意 沙云也勝秋露滴芙蕖(雪竇著語云謝答話)

장사가 하루는 산에 나갔다가 돌아와 문앞에 이르자 수좌가 물었다.
"스님께선 어딜 다녀오십니까?"
장사가 대답하였다.
"산에 갔다 오는 길일세."
"어디까지 갔었습니까?"
"처음엔 어린 풀을 따라갔다가 올 때는 지는 꽃을 따라

---

81) 무착이 황무지를 헤메고 있을 때 문수가 거기에 절을 화현해서 보여준 것을 송했다.

82) 무착이 문수와 밤새껏 이야기하고서도 그가 문수인 줄 몰라본 것을 뜻한다.

서 돌아왔지."

"봄기운이 물씬 풍기는군요."

"그야 물론 가을 연잎에 이슬 떨어지는 것보다야 낫지."(설두가 한마디 붙였다 "대답해주셔서 감사합니다.")

頌 大地絶纖埃 何人眼不開 始隨芳草去 又逐落花回 羸鶴翹寒木 狂猿嘯古臺 長沙無限意 咄

땅에는 티끌 하나 없으니
누군들 눈이 열리지 않으리.
처음엔 어린 풀을 따라갔다가
지는 꽃을 따라서 돌아왔다네.[83]
비쩍 마른 학은 고목에서 발돋움하고
미친 원숭이 옛 누각에서 운다.
장사의 무한한 뜻이여! 돌!

【제37칙】 盤山, 어디서 마음을 찾을꼬

擧 盤山垂語云 三界無法 何處求心

---

83) 설두가 장사의 말을 그대로 인용하여, 엎어지고 자빠지는 그대로 두어도 모든 곳이 다 '이 경계'임을 노래한 것이다.(원오의 평창에서)

반산이 법문을 했다.

"삼계엔 아무 법도 없는데, 어디서 마음을 찾을꼬?"

頌 三界無法 何處求心 白雲爲蓋 流泉作琴 一曲兩曲無人會 雨過夜塘秋水深

삼계엔 아무 법도 없는데
어디서 마음을 찾을꼬.
흰구름은 일산이 되어주고
시냇물은 거문고가 되어주는데
한 곡, 두 곡 뜯어도 알아주는 이 없고
비 지난 가을 밤에 못물만 깊구나.

【제38칙】風穴, 조사의 마음 도장

擧 風穴在郢州衙內 上堂云 祖師心印 狀似鐵牛之機 去卽印住 住卽印破 只如不去不住 印卽是 不印卽是 時有盧陂長老出問 某甲有鐵牛之機 請師不搭印 穴云 慣釣鯨鯢澄巨浸 却嗟蛙步輾泥沙 陂佇思 穴喝云長老何不進語 陂擬議 穴打一拂子 穴云 還記得話頭麼 試擧看 陂擬議開口 穴又打一拂子 牧主云佛法與王法一般 穴云見箇什麼道理 牧主云 當斷不斷 返招其亂 穴便下座

풍혈이 영주 관내에서 상당법문을 하였다.

"조사의 마음도장은 무쇠 소를 찍어내는 거푸집과 같아서 도장을 떼면 무늬가 머물러 있지만 도장을 누르고 있으면 무늬가 뭉개진다. 떼지도 않고 눌러두지도 않을 경우, 도장을 찍었다고 해야 할까, 찍지 않았다고 해야 할까?"

그때 노파장로라는 이가 나서서 물었다.

"제게는 무쇠 소를 찍어내는 거푸집이 있으니 스님께선 도장을 찍지 마십시오."

풍혈이 말하였다.

"고래를 낚아 바다를 맑히려 하였더니, 아이구, 개구리가 진흙 밭을 뛰어다닐 줄이야."

노파장로가 우두커니 생각에 잠겼는데 풍혈이 꽥 하고 소리를 지르면서 "장로는 어째서 말을 잇지 못하는가?" 하였다. 노파장로가 무슨 말인가 하려고 머뭇거리는데 풍혈이 불자로 한 대 때리고는 말하였다. "화두라도 기억해 내려는 참인가? 한번 꺼내 봐 봐라." 노파장로가 입을 열려는 순간 풍혈이 또 불자로 때렸다.

목주가 "불법이나 나라법이나 매한가지네요" 하자 풍혈이 "무슨 도리를 보았(기에 그렇게 말하)느냐?"고 하였다. 목주가 "끊을 것을 끊지 못하면 환란을 자초하니까요"라고 대답하자 풍혈이 자리에서 내려왔다.

頌 擒得盧陂跨鐵牛 三玄戈甲未輕酬 楚王城畔朝宗水

喝下曾令却倒流

노파장로를 붙잡아 무쇠 소에 앉혔는데
삼현84)의 창과 갑옷엔 함부로 대들지 못했네.
초왕의 성 주변에 모여든 물줄기들을
일갈대성에 거꾸로 흐르게 했네.

【제39칙】 雲門, 약초 밭 울타리

舉 僧問雲門 如何是淸淨法身 門云花藥欄 僧云便恁麼去時如何 門云金毛獅子

한 스님이 운문에게 물었다.
"무엇이 청정법신입니까?"
운문이 대답하였다.
"약초 밭의 울타리다."85)
"그렇게만 알면 됩니까?"
"황금빛 털을 가진 사자로다."

---

84) 풍혈은 臨濟 문하의 선승이다. 임제는 三玄으로 납승들을 지도하였는데, 體中玄·句中玄·玄中玄을 말한다.(『선학사전』, 불지사)

85) 약초 밭에 딴 사람들이 드나들지 못하도록 대나무를 촘촘히 이어 붙여서 세워둔 울타리. 즉 근접할 수 없다는 뜻.(각운의 『선문염송설화』 1017칙)

頌 花藥欄 莫顢頇 星在秤兮不在盤 便恁麼 太無端 金毛獅子大家看

약초 밭의 울타리여.
데데하게 굴지 말아라.
눈금은 저울대에 있지 받침에 있지 않으니.[86]
그렇게만 알면 되느냐는 말
전혀 까닭 없구나.
황금털 사자를 여러분은 보아라.

【제40칙】 南泉과 陸亘大夫, 僧肇의 말씀을 듣고

擧 陸亘大夫與南泉語話次 陸云 肇法師道 天地與我同根 萬物與我一體 也甚奇怪 南泉指庭前花 召大夫云 時人見此一株花 如夢相似

육긍대부가 남전과 이야기를 나누던 차에 말하였다.

---

86) 약초 밭의 울타리라는 운문의 말에 대하여 대다수의 사람들이 "주사위를 던질 때 어떤 숫자가 나오든 상관없이 무심하게 대답한 것"이라고 망정으로 이해하였기 때문에 설두가 이를 두고 데데하게 굴지 말라고 하였다. 달은 원래 물속에 있는 것이 아니라 하늘에 있듯이, 저울 눈금은 저울대에 있는 것이지 받침대에 있지 않듯이, 운문의 대답도 약초 밭 울타리라는 말에 있지 않다. (원오의 평창에서)

"'천지와 내가 같은 뿌리며, 만물과 내가 한 몸'이라고 한 승조(僧肇)법사의 말씀은 정말 대단하지 않습니까?"

그러자 남전이 마당에 핀 꽃을 가리키며 대부를 부르고는 "요즘 사람들은 이 꽃을 꿈처럼 봅니다" 하였다.

頌 聞見覺知非一一 山河不在鏡中觀 霜天月落夜將半 誰共澄潭照影寒

견·문·각·지가 각각이 아니니
산하대지를 거울 속에서 보지 말아라.
서리 내린 날, 달은 기울고 밤은 깊어 가는데
맑은 못에 비친 찬 그림자, 뉘와 함께 하리요.

【제41칙】 趙州와 投子, 완전히 죽은 자가 살아난다면

擧 趙州問投子 大死底人却活時如何 投子云 不許夜行 投明須到

조주가 투자에게 물었다.
"완전히 죽은 사람이[87] 다시 살아난다면 어떻겠소?"

---

[87] 완전히 죽은 사람에게는 현묘한 불법의 도리나 시비득실이 전혀 없다. 여기에 이르면 그저 쉬는 것밖엔 없다. 옛 사람이 이를 두

투자가 대답하였다.

"밤에는 통행금지니, 날이 밝거든 가시오."

頌 活中有眼還同死 藥忌何須鑒作家 古佛尙言曾[88)]未
到 不知誰解撒塵沙

살아난 가운데 눈을 떴지만 죽은 거나 마찬가지네.
약 처방에 따르는 금기로 작가를 감정할 필요가 있으랴.
옛 부처도 아직 이르지 못했다 했는데[89)]
모래를 뿌린다는 말 이해할 자 누구인가?[90)]

【제42칙】 龐居士, 떨어지는 눈송이를 보며

擧 龐居士辭藥山 山命十人禪客 相送至門首 居士指空

　　고 "평지에 죽은 시체가 수없이 널렸으니 가시밭을 통과해야 좋
　　은 솜씨라 할 수 있다"고 하였다.(원오의 평창에서)
88) 신수대장경에는 會로 되어 있으나 曾의 오기인 듯하다.
89) 완전히 죽었다가 다시 살아나는 경지에는 부처도 이르지 못했다
　　는 말.
90) 한 스님이 長慶에게 무엇이 선지식의 눈이냐고 묻자, 장경이 모
　　래를 뿌리지 말았으면 한다고 대답했다. 이에 대해 保福은 "다시
　　는 뿌려서는 안 되지" 하였다. 천하의 노승들이 선상에 앉아 몽
　　둥이를 휘두르고 소리를 지르고 불자를 세워들고 선상을 치는
　　따위의 일들이 다 모래를 뿌리는 일이다.(원오의 평창에서)

中雪云 好雪片片 不落別處 時有全禪客云 落在什麼處 士打一掌 全云 居士 也不得草草 士云 汝恁麼稱禪客 閻老子未放汝在 全云居士作麼生 士又打一掌云 眼見如盲 口說如啞(雪竇別云 初問處 但握雪團便打)

방거사가 약산을 하직하자, 약산이 10명의 선객에게 문앞까지 바래다주라고 지시하였다. 거사는 공중에서 내리는 눈을 손가락으로 가리키면서 "송이송이 눈송이, 딴 데로 떨어지는 법이 없구나" 하였다. 그때 전선객이라는 이가 "어디에 떨어집니까?" 하자 거사가 손바닥으로 따귀를 한 대 쳤다. 전선객이 "거사께서는 허둥대지 마십시오" 하니 거사가 "네가 그러고도 선객을 자처한다면 염라대왕이 너를 놓아주지 않을 것이다" 하였다. 전선객이 "거사라면 어떻게 하시겠습니까?" 하니 거사가 한 대 더 때리고 나서 "눈뜬 장님이요, 말하는 벙어리로다"(설두는 이렇게 다른 의견을 보였다. "첫 질문을 했을 때 눈을 뭉쳐서 때렸어야 했을걸.")91) 하였다.

頌 雪團打雪團打 龐老機關沒可把 天上人間不自知 眼裏耳裏絶瀟灑 瀟灑絶 碧眼胡僧難辨別

---

91) 설두의 말은, 거사가 "송이 송이 눈송이, 딴 데로 떨어지는 법이 없구나"라고 했을 때 전선객이 눈을 뭉쳐 던졌더라면 거사가 아무리 수완이 뛰어난 사람이었다 해도 벗어나기 어려웠을 것이라는 뜻이다.(원오의 평창에서)

눈을 뭉쳐 때려라, 눈을 뭉쳐 때려라.
방거사의 기봉은 어찌할 수 없으니
천신도 인간도 알지 못하리.
눈속도 귀속도 깨끗해졌네.[92]
씻은 듯 깨끗함이여.
파란 눈의 달마도 분간키 어려우리.[93]

【제43칙】 洞山, 추위와 더위가 닥쳐오면

擧 僧問洞山 寒暑到來 如何迴避 山云何不向無寒暑處 去 僧云如何是無寒暑處 山云 寒時寒殺闍黎 熱時熱殺 闍黎

한 스님이 동산에게 물었다.
"추위와 더위가 닥쳐오면 어디로 피해야 됩니까?"[94]
동산이 대답하였다.
"추위와 더위가 없는 곳으로 가면 되지 않겠느냐?"

---

92) 눈〔眼〕 속에도 눈〔雪〕, 귀속에도 눈이라 한 가지 색만 있는〔一色 邊事〕 평등한 경계에 머문 것이다. 이를 절대평등한 普賢境界, 혹은 打成一片의 경계라 한다.(원오의 평창에서)
93) 일색평등한 경계에 머물면 도리어 死句를 참구하는 것이 되므로 설두가 이렇게 말했다.(원오의 평창에서)
94) 추위와 더위는 생사를 가리킨다.(각운의 『선문염송설화』 686칙)

"어디가 추위와 더위가 없는 곳입니까?"

"추울 땐 그대를 얼려 죽이고 더울 땐 그대를 쪄 죽일 곳이지."

頌 垂手還同萬仞崖 正偏何必在安排 琉璃古殿照明月
忍俊韓獹空上階

손 내미는 그곳이 만 길 벼랑이니
정위와 편위95)가 어찌 안배에 따라 정해지랴.96)
오래 된 유리 전각에 밝은 달이 비치는데
고소를 금치 못하겠네. 부질없이 계단을 오르는 사냥개여.97)

---

95) 동산은 五位를 가지고 제자들을 지도했는데, 뒤에 曹山이 이 법을 이어받아 손질을 하였다. 이를 선가에서는 曹洞五位說이라 한다. 1. 正位却偏〔正中偏〕 2. 偏位却正〔偏中正〕 3. 正位中來〔正中來〕 4. 偏位中來〔偏中來〕 5. 相兼帶來〔兼中到〕. 여기서 정위는 만법의 평등인 진여를, 편위는 만법의 차별을 가리킨다.(『선학사전』, 불지사)

96) 추위와 더위가 없는 곳으로 가면 되지 않겠느냐는 동산의 대답은 偏中正에서 나온 것이고, 추울 때는 그대를 얼려 죽이고 더울 때는 그대를 쪄 죽일 곳이라는 대답은 正中偏에서 나온 것이다. 이는 정위이면서도 편위이며, 편위이면서도 圓位라 할 수 있다. 그러나 臨濟의 문하에는 잡다한 것이 없다. 그러므로 설두가 '손 내미는 그곳이 만 길 벼랑'이라 하여 발붙일 곳이 없음을 말했다. 편위와 정위가 따져서 안배하는 데 따라 정해지는 것이 아니라 작용할 때 저절로 그렇게 된다는 뜻이다.(원오의 평창에서)

97) 질문을 던진 스님이 동산의 말에 휘둘리는 모습을 비웃는 구절이다. 曹洞宗에서는 대략 18가지로 正位를 비유하는데 石女, 밑

【제44칙】 禾山, 북을 칠 줄 안다

擧 禾山垂語云 習學謂之聞 絶學謂之隣 過此二者 是爲
眞過 僧出問如何是眞過 山云解打鼓 又問如何是眞諦
山云解打鼓 又問 卽心卽佛卽不問 如何是非心非佛 山
云解打鼓 又問 向上人來時 如何接 山云解打鼓

화산이 법문을 했다.

"익히고 배우는 것을 '듣는다' 하고, 배움을 끊은 것을 '가까이 갔다' 하고, 이 두 가지를 다 지나면 '진짜로 지나왔다'고 한다."98)

빠진 독, 夜明珠, 죽은 뱀 등을 들고 있다. 유리로 된 전각도 그런 유이다. 옛 유리전각에 비치는 달은, 본래는 없는 것이지만 둥그런 그림자가 있는 듯 보인다. 추위나 더위가 없는 곳으로 가면 되지 않겠느냐는 동산의 대답에 그 스님이 마치 흙덩이를 쫓는 사냥개처럼 연신 바쁘게 섬돌을 오르락내리락하며 달 그림자를 잡으려 하였다. 그런 곳이 어디냐고 다시 물었는데 동산이 "추울 때는 그대를 쪄 죽일 곳이지"라고 대답했으니, 흙덩이를 쫓아 섬돌 위로 달려가 보았으나 달 그림자도 못 본 꼴이다.(원오의 평창에서)

98) 僧肇의 『寶藏論』에 나오는 구절이다. 寶藏論釋에서는 배움의 세 가지 단계를 다음과 같이 설명하였다. 직접 보지 않고 딴 데서 들은 일을 믿는 것을 듣는다〔聞〕 한다. 생사에 따라가지도 않고 열반에 의지하지도 않는 것을 가까이 갔다〔隣〕고 한다. 생사 열반 두 가지가 평등한 줄을 깨달아 앞의 두 가지를 넘어서면 그것을 최고의 진정한 도〔眞過〕라 한다.(각운의 『선문염송설화』 1181칙)

그러자 한 스님이 물었다.

"진짜로 지나왔다는 것이 어떤 것인데요?"

"북을 칠 줄 안다."99)

"무엇이 참된 이치입니까?"

"북을 칠 줄 안다."

"마음이 부처라는 것은 묻지 않겠습니다만, 마음도 아니고 부처도 아니라는 건 무슨 뜻입니까?"

"북을 칠 줄 안다."

"향상인100)이 올 때는 어떻게 맞이하시렵니까?"

"북을 칠 줄 안다."

頌 一拽石二般土 發機須是千鈞弩 象骨老師曾輥毬 爭似禾山解打鼓 報君知 莫莽鹵 甛者甛兮苦者苦

하나는 연자방아를 돌리고101) 하나는 흙을 나른다.102)

---

99) 이 말은 『晋書』「王敦傳」에 유래가 있다. 武帝가 현자들을 초청하여 예술에 대해 이야기를 나누는데 저마다 많은 말들을 하였다. 왕돈만은 아무 말 없다가 "나는 북을 칠 줄 안다"고 하며 북을 쳤다. 그는 마치 옆에 아무도 없는 것처럼 신들린 듯 북을 쳤고 좌중이 모두가 감탄하였다고 한다. 화산의 뜻은, 자기는 아무 것도 아는 거 없고 그저 북을 칠 줄만 안다는 것이다.(각운의 『선문염송설화』 1181칙)

100) 向上人이란 철저히 초탈하여 말끔하게 된 사람이다.(원오의 평창에서)

101) 歸宗의 회하에 있었던 일이다. 하루는 대중운력으로 연자방아를 돌리러 가는데, 귀종이 維那에게 물었다. "어디 가는가?"

무기를 쓰려면 천 균 짜리 활쯤은 되어야지.[103]

상골암 노선사가 나무공을 굴렸던 일이[104]

북을 칠 줄 안다는 화산의 말씀과 어찌 같으랴.[105]

그대들에게 알리노니, 망발을 떨지 말라.

단 것은 달고, 쓴 것은 쓰나니.[106]

"연자방아를 돌리러 갑니다." "방아야 네 맘대로 돌리라만 중심축은 흔들리지 않게 하게나."(원오의 평창에서)

102) 목평은 처음 찾아온 자가 있으면 먼저 흙 세 삼태기를 나르라고 하였다. 뒷날 어떤 스님이 목평에게 "세 삼태기 안의 일은 묻지 않겠습니다만 세 삼태기 밖의 일은 어떻습니까?" 하고 물으니 "철륜천자가 천하에 내린 칙명이다"라고 하였다. 그 스님이 아무 대답이 없자 목평이 후려쳤다. 그리고는 이렇게 말했다. "한 사람은 연자방아를 돌리고 한 사람은 흙을 나른다."(원오의 평창에서)

103) 천 鈞은 삼만 斤이다. 설두는 위의 대화를 삼만 근이 나가는 활에 비유하여 화산이 납자를 지도했던 일을 보여주려 했다.(원오의 평창에서)

104) 상골암 노선사란 雪峯義存을 말한다. 玄沙가 찾아오는 것을 보고 설봉이 나무 공 세 개를 굴렸다. 현사가 공을 도끼로 찍는 시늉을 하자 설봉이 그를 칭찬하였다.(원오의 평창에서)

105) 歸宗·木平·雪峯의 일도 모두 全機大用이 있다 하겠으나 간결하고도 핵심을 찌르는 禾山의 無味答話만은 못하다는 것이다. (원오의 평창에서)

106) 화산이 네 차례 無味語로 답한 유래를 모르고, 사람들이 이 말 속에서 의미를 찾아 해석을 하려 들기 때문에 설두가 '망발을 떨지 말라'고 송한 것이다. 제멋대로 해석하는 일을 그만두기만 한다면, 그대로 단것은 달고 쓴 것은 쓰다.(원오의 평창에서)

【제45칙】 趙州, 만법

擧 僧問趙州 萬法歸一 一歸何處 州云 我在靑州 作一領布衫 重七斤

한 스님이 조주에게 물었다.

"만법이 하나로 귀결되는데, 그 하나는 어디로 귀결됩니까?"

조주가 대답하였다.

"내가 청주에 있을 때 베 장삼을 하나 만들어 입었는데, 무게가 일곱 근이었단다."107)

頌 編辟曾挨老古錐 七斤衫重幾人知 如今抛擲西湖裏 下載淸風付與誰

---

107) 원오는 조주의 이 말씀을, 보기는 어려워도 알기는 쉬우며 알기는 어려워도 보기는 쉽다고 하였다. 어렵기로 치자면 銀山鐵壁이요, 쉽기로 치자면 너무도 뚜렷하다고 덧붙였다. 이어서 원오는 사람들이 이 공안에 대해 경계를 가지고 답한 것이라고 오해할까봐서 趙州의 다른 공안을 소개한다. 한 스님이 조주에게 조사가 서쪽에서 오신 뜻이 무어냐고 묻자 뜰 앞의 잣나무라고 대답하였다. 그 스님이 경계를 가지고 설명하지 말라고 하자 조주는, 자신은 경계를 가지고 설명한 적이 없다고 말했다.(원오의 평창에서)

한쪽으로 몰아가는 질문[108]으로 고승을 건드려보았으나
일곱 근 베장삼을, 아는 이 몇이나 될까.
이제는 그나마 서호 속에 던졌으니[109]
맑은 바람 실어다 누구에게 전해줄꼬?

【제46칙】 鏡淸, 빗소리

擧 鏡淸問僧 門外 是什麽聲 僧云雨滴聲 淸云衆生顚倒
迷己逐物 僧云和尙作麽生 淸云洎不迷己 僧云洎不迷己
意旨如何 淸云 出身猶可易 脫體道應難

경청이 한 스님에게 물었다.
"문 밖에 무슨 소리냐?"
그 스님이 대답하였다.
"빗방울 소립니다."
"중생이 전도되어 자기를 모르고 외물에 끄달리는구나."
"화상께선 어떠신데요?"

---

108) 선가에서는 물음의 형식을 18가지로 분류하는데, 이는 그 중에 編辟問에 해당한다.
109) 설두는 洞庭의 翠峰에 살았는데 그곳에 西湖가 있다. 만법귀일의 '一' 자도 필요치 않으며, 일곱 근 장삼도 필요치 않으니 몽땅 서호에 던져버렸다는 것이다.(원오의 평창에서)

"하마트면 자기를 미혹하지 않을 뻔했지."110)

"자기를 미혹하지 않을 뻔했다니요? 그게 무슨 뜻입니까?"

"몸을 빼내기는 그래도 쉽지만 고스란히 두고 벗어나기는 어렵지."111)

頌 虛堂雨滴聲 作者難酬對 若謂曾入流 依前還不會 會不會 南山北山轉霶䨠

텅 빈 승당의 빗방울 소리
작가종사라도 대답하기 어려우리.112)
입류113)를 해 본 자라도

---

110) 경청이 빗소린 줄 몰라서 그렇게 물었을까? 그 스님이 자기를 미혹하고 외물을 쫓았기 때문에 경청이 이렇게 답한 것인데, 그는 무슨 이유로 자기를 미혹했다고 하였을까? 상대를 시험하는 한마디 속에서 몸 빠져나올 길을 찾았어야 하는 건데, 그 스님은 대단히 멍청해서 이 이야기에 미진함을 남기지 않으려고 그렇게 말한 뜻이 무어냐고 다시 묻는다.(원오의 평창에서)

111) 임제와 덕산이었다면 그 스님의 질문에 방과 할을 한 번씩 날렸겠지만, 경청은 그에게 한가닥 숨통을 틔워주기 위해 구구한 설명을 붙여주었다. 벗어나기는 쉽지만 있는 그대로를 말로 설명하기란 쉽지 않다는 한마디로 그 스님의 大事를 밝혀주려 하였다.(원오의 평창에서)

112) 빗방울 소리라 한다면 자기를 미혹하고 외물을 쫓는 것이다. 그렇다고 빗방울 소리가 아니라 한다면 어떻게 외물에 자재하게 대처하겠는가? 여기에 대해서는 작가 선지식이라 하더라도 응수하기 어려웠을 것이다.(원오의 평창에서)

여전히 알지는 못하리.

아는가, 모르는가?

남산에도 북산에도 더더욱 퍼붓는구나.

【제47칙】 雲門, 법신

擧 僧問雲門 如何是法身 門云六不收

113) 『楞嚴經』제6권에서는 觀音菩薩이 듣는 것을 통해서 耳根圓通을 얻은 일이 소개되고 있다. 관음보살이 오래 전 겁에 부처님을 만나 보리심을 냈는데, 그 부처님이 聞思修 세 가지 지혜를 통해 삼매에 들라고 하였다. 부처님의 가르침에 따라 관음보살이 수행하는 가운데 '入流'라는 말이 나온다. 眞鑑의 正脉疏에 의거하면, 流에는 두 가지 뜻이 있다. 첫째는 法流[聞性]인데, 자신이 소리를 듣고 있다는 것을 돌이켜 自性을 反聞하는 것이다. 둘째는 흐른다[注]는 뜻이다. 外境인 소리를 향해 따라가는 것을 出流라 하고, 들음을 돌이켜 성품을 관조하는 것을 內注라 하는데, 이것이 바로 入流이다. 『능엄경』의 원문은 다음과 같다.

"처음에는 듣는 데서 流에 들어가 대상을 벗어나고, 대상들어가는 행위가 적멸하여 움직임과 고요함 두 가지가 전혀 발생하지 않았습니다. 이런 식으로 점점 닦다 보니 듣는 행위와 듣는 대상이 다 없어지고, 들음이 다 없어졌다는 관념에도 머물지 않아서 증득과 증득의 경계가 다 공하였습니다. 더 나아가 공하다는 깨달음이 지극해져서, 그 지극한 공과 앞서 말한 '증득과 증득의 경계가 다 공하다는 것'까지도 다 없어졌습니다. 생과 멸이 이미 없어지고 나니 적멸이 나타났습니다."

初於聞中 入流亡所 所入旣寂 動靜二相了然不生 如是漸增聞所聞盡 盡聞不住 覺所覺空 空覺極圓 空所空滅 生滅旣寂 寂滅現前.(동국역경원, 운허스님, 『首楞嚴經註解』에서 참고)

한 스님이 운문에게 "무엇이 법신입니까?" 하고 묻자 운문이 "여섯으로도 수용할 수 없다"114) 하였다.

頌 一二三四五六 碧眼胡僧數不足 少林謾道付神光 卷衣又說歸天竺 天竺茫茫無處尋 夜來却對乳峯宿

하나, 둘, 셋, 넷, 다섯, 여섯
달마가 세더라도 역부족이리.
소림사에서 신광(慧可)에게 전했느니,
옷 입고 천축으로 돌아갔느니 떠들어대네.
아득한 천축에서 찾을 길 없었는데,
간밤에 유봉115) 앞에서 잠을 잤다네.

【제48칙】 王太傅, 초경사에 들어가다

擧 王太傅入招慶煎茶 時朗上座與明招把銚 朗翻却茶銚 太傅見問上座 茶爐下 是什麽 朗云捧爐神 太傅云 旣是捧爐神 爲什麽翻却茶銚 朗云 仕官千日 失在一朝 太傅

---

114) 여기서 여섯이라는 숫자가 표면적으로 천지 사방의 六合을 가리키는지, 六大를 가리키는지, 六根·六境·六識을 가리키는지는 정확하지 않다. 그러나 원오는 평창에서 이런 식으로 이해한다면 운문에게 누를 끼치는 일이라고 지적하였다.
115) 유봉은 설두산에 있는 봉우리 이름.

拂袖便去 明招云 朗上座 喫却招慶飯了 却去江外打野榸
朗云和尙作麽生 招云非人得其便(雪竇云當時但踏倒茶爐)

왕태부가 초경사에 들어갔는데, 마침 차를 달이고 있었다. 그때 랑상좌와 명초가 주전자를 잡고 있었는데 랑상좌가 차 주전자를 엎었다. 태부가 그것을 보고는 상좌에게 화로 밑에 무엇이 있느냐고 묻자 랑상좌가 화로를 받드는 신이 있다고 대답하였다. 화로를 받드는 신이 있다면 어째서 차 주전자를 엎었느냐고 하니, 천 일 동안의 관직도 하루아침에 떨어진다고 하였다. 그러자 태부는 소매를 탁탁 털고 나가버렸다.116) 명초가 "랑상좌는 초경사 밥을 먹고 강 저쪽에 가서 타다 남은 나무토막이 되었구나"117) 하였다. 랑상좌가 "화상께선 어찌하셨겠는지요?" 하고 묻자 명초가 "(나라면) '귀신이 틈을 노렸나보지'라고 했을 것이다." 하였다.(설두가 말하였다. "그때 화로를 걷어차서 엎어버렸으면 되었을 것을.")

頌 來問若成風 應機非善巧 堪悲獨眼龍 曾未呈牙爪 牙

---

116) 소매를 탁탁 털고 나가버리는 것은 중국 사람들이 상대를 긍정하지 않을 때 취하는 동작이다.

117) 원오의 평창에 따르면, 랑상좌가 바른 곳으로 가지 않고 엉뚱한 곳으로 갔음을 밝히기 위해 이 말을 썼다고 한다. 원문의 "打野榸"에서 野榸란 황야에 타고 남은 나무토막을 뜻한다. 절밥 먹고 엉뚱한 데 가서 딴 짓거리를 한다는 뜻인 듯하다.

爪開生雲雷 逆水之波經幾回

바람을 일으키며 물어왔지만
대답은 썩 좋은 솜씨가 못 되네.[118]
슬프다, 애꾸눈 용이여.
한번도 어금니와 발톱을 드러낸 적 없구나.[119]
어금니와 발톱을 열어 구름과 우레를 일으켰다면
역류하는 물결이 몇 차례를 지났을꼬?

---

[118] 바람을 일으키며 물어 왔다는 것은 『莊子』에 나오는 이야기에서 따왔다. 郢 땅의 어떤 이가 벽에 진흙을 바르다가 작은 틈 하나 남은 곳에 진흙을 대강 뭉쳐 획 던졌는데 보기 좋게 메워졌다. 그런데 진흙이 코끝에 튀었다. 곁에 있던 목수가 그의 솜씨를 칭찬하며 자기가 도끼를 휘둘러 진흙을 떼어주겠다고 하였다. 코끝에 묻은 진흙은 파리똥 만치밖에 안 되었다. 목수가 도끼를 휘두르자 바람이 일어나면서 감쪽같이 흙을 떼어내는데, 코는 전혀 다치지 않았고 진흙쟁이도 얼굴색 하나 변치 않고 태연히 서 있었다. 양쪽 다 묘한 솜씨라고 할 만하다. 여기서는 왕태부의 물음이 목수의 도끼 솜씨처럼 바람을 일으켰지만 랑상좌가 대처한 솜씨는 그리 훌륭하지는 못했다는 것이다. (원오의 평창에서)

[119] 애꾸눈 용은 명초를 가리킨다. 명초의 말도 매우 특별하긴 하지만 아직은 구름과 우레를 일으키는 솜씨가 없다는 것이다.(원오의 평창에서)

【제49칙】 三聖, 그물을 뚫고 나온 물고기

舉 三聖問雪峯 透網金鱗 未審 以何爲食 峯云 待汝出網來 向汝道 聖云 一千五百人善知識 話頭也不識 峯云 老僧住持事繁

삼성이 설봉에게 물었다.
"그물을 뚫고 나온 금빛 물고기는 무엇을 미끼로 해야 합니까?"
설봉이 말하였다.
"그대가 그물에서 나온 뒤에 말해주겠네."
"천오백 명을 지도하는 선지식이라면서 말귀도 못 알아 듣는군요."
"이 늙은이가 주지살이 하느라고 바빠서……."

頌 透網金鱗 休云滯水 搖乾蕩坤 振鬣擺尾 千尺鯨噴洪浪飛 一聲雷震淸颷起 淸颷起 天上人間知幾幾

그물을 뚫고 나온 금빛 물고기
물속에 머문다고 말하지 말라.
하늘과 땅 흔들고 휘저으며
지느러미와 꼬리를 흔드네.[120]

---

120) 이 두 구절은, "천오백 명의 선지식이라면서 말귀도 못 알아듣 는군요."라고 한 삼성의 말을 송한 것이다.(원오의 평창에서)

천 길 물을 뿜어 큰 파도 날리고
한번의 우레 소리에 맑은 바람 일으킨다.121)
일어나는 맑은 바람을
하늘과 인간 중에 몇이나 알꼬?

【제50칙】 雲門, 티끌삼매

擧 僧問雲門 如何是塵塵三昧 門云 鉢裏飯 桶裏水

한 스님이 운문에게 "티끌 하나 하나가 다 삼매라는 말이 무슨 뜻입니까?" 하고 묻자 "발우 속의 밥이요, 물통 속의 물이로다" 하였다.

頌 鉢裏飯桶裏水 多口阿師難下嘴 北斗南星位不殊 白浪滔天平地起 擬不擬 止不止 箇箇無褌長者子

발우 속의 밥, 물통 속의 물이라니
말 많은 중이라도 입을 대기가 어렵네.
북두성과 남극성은 위치가 바뀌지 않는데
하늘 닿는 흰 물결 평지에서 일어나네.122)

---

121) 이 두 구절은 "노승이 주지살이 하기 바빠서……"라고 한 설봉의 말을 송한 것이다.(원오의 평창에서)

헤아려 알려 해도 알지 못하고
그만두려 하나 그만두지도 못하네.
모두가 바지도 없는 부잣집 아들이로다.

【제51칙】 巖頭, 末後句를 알고 싶은가

舉 雪峯住庵時 有兩僧來禮拜 峯見來 以手托庵門 放身出云 是什麼 僧亦云是什麼 峯低頭歸庵 僧後到巖頭 頭問什麼處來 僧云嶺南來 頭云曾到雪峯麼 僧云曾到 頭云有何言句 僧擧前話 頭云 他道什麼 僧云 他無語 低頭歸庵 頭云 噫 我當初悔不向他道末後句 若向伊道 天下人不奈雪老何 僧至夏末 再擧前話請益 頭云何不早問 僧云未敢容易 頭云 雪峯雖與我同條生 不與我同條死 要識末句後[123] 只這是

　설봉이 암자에 살 때, 두 스님이 찾아와 절을 하였다. 그들이 오는 것을 본 설봉이 손으로 문을 열어젖히고 뛰어나가 "이 뭐꼬?" 하자 그들 중 하나가 "이 뭐꼬?" 하였다. 설

---

122) 本分자리에서 보면 쉽게 보일 것이, 그러지 못하고 사량분별로 헤아리니 평지에서 풍파를 일으키는 꼴이다.(원오의 평창에서)
123) 신수대장경에는 末句後라 되어 있으나 다른 본을 참고하건대 末後句의 誤記인 듯하다.

봉은 고개를 떨구고 암자로 돌아왔다.

그 스님이 뒤에 암두에게 갔는데, 암두가 물었다.

"어디서 왔느냐?"

"영남에서 왔습니다."

"설봉에는 갔었느냐?"

"갔었습니다."

"설봉이 무슨 말을 하더냐?"

그 스님이 앞에 있었던 일을 전하자, 암두는 설봉이 무슨 말을 했느냐고 또 물었다. 그 스님이 설봉이 고개를 떨군 채 암자로 돌아갔다고 전하자 암두가 말하였다.

"아, 내가 그때 마지막 한마디를 그에게 해주지 않은 것이 후회로다. 그에게 말해주었더라면 천하에 아무도 설봉을 어쩌지 못했을 텐데……"

그 스님이 하안거 끝에 앞의 이야기를 거론하면서 다시 가르침을 청하자 암두가 어째서 진작에 묻지 않았느냐고 하였다. 그 스님이 감히 쉽게 물을 수 없었다고 하자 암두가 말하였다.

"설봉은 나와 한 가지에서 났지만, 나와 한 가지에서 죽지는 않을 것이다. 그 마지막 한마디를 알고 싶은가? 이것일 뿐이네."

頌 末後句爲君說 明暗雙雙底時節 同條生也共相知 不同條死還殊絕 還殊絕 黃頭碧眼須甄別 南北東西歸去來

夜深同看千巖雪

마지막 한마디를 그대에게 말해주리니
밝음과 어둠이 동시인 때니라.
한 가지에서 났다는 건 모두가 알지만
같이 죽지 않는단 말, 매우 특별하구나.
매우 특별한 그것을
부처도 달마도 구별해 내야 하리.
동서남북으로 돌아가
천봉 바위에 쌓인 눈, 깊은 밤에 함께 보리라.

【제52칙】 趙州, 돌다리

擧 僧問趙州 久響趙州石橋 到來只見略彴 州云 汝只見略彴 且不見石橋 僧云如何是石橋 州云渡驢渡馬

한 스님이 조주에게 물었다.
"조주의 돌다리라고 오래 전부터 명성을 들었는데, 와 보니 그저 외나무다리뿐이네요."
조주가 말하였다.
"자네가 외나무다리만 보고 돌다리는 보지 못할 뿐이다."

"무엇이 돌다리입니까?"
"나귀도 건너고 말도 건너지."

頌 孤危不立道方高 入海還須釣巨鼇 堪笑同時灌溪老
解云劈箭亦徒勞

고고한 체 안 할 때 도는 더욱 높아지니
바다에 들었으면 큰 자라를 낚아야 하리.[124]
우습구나, 같은 경우의 관계 노인네여.
쏜살보다 빠르다고 말할 줄은 알았으나 헛수고였네.[125]

---

124) 조주가 평소 사람을 지도할 때 현묘함이나 고고함을 내세우지 않았던 점을 설두가 송한 것이다. 총림에서는 허공을 깨고 수미산을 부수며 바다 밑에 티끌이 일고 수미산에 파도가 쳐야 조사의 도에 걸맞다고들 하지만 조주의 가풍은 그것과 다르다. 고고하게 위세를 떨지 않고 평상시대로 자연스럽게 응대하는 데서 저절로 고고함과 현묘함이 드러나 위엄이 선다. 조주는 이런 기틀을 써서 새우나 소라를 낚지 않고 큰 자라를 낚았으니 진정한 작가라 하겠다.(원오의 평창에서)

125) 관계선사에게도 이와 비슷한 일화가 있다. 한 스님이 관계스님에게 와서 "灌溪라는 소문을 들은 지 오래인데, 와 보니 작은 웅덩이뿐이군요" 하자 관계가 "그대는 웅덩이만 보았지 관계는 보지 못했네"라고 하였다. 그 스님이 "어떤 것이 관계입니까?" 하자 "쏜살같이 빠르다"고 하였다. 이는 고고한 경지를 보여준 것으로서 옮기는 옳으나 너무 힘이 들어가 있다. 조주의 평상한 가풍에는 미치지 못한다. 그러므로 설두가 보기에, 관계가 "쏜살보다 빠르다"고 응수할 줄은 알았으나 그것도 헛짓이라는 뜻이다.(원오의 평창에서)

【제53칙】 馬祖와 百丈, 들오리를 보고

擧 馬大師與百丈行次 見野鴨子飛過 大師云是什麼 丈云野鴨子 大師云什麼處去也 丈云飛過去也 大師遂扭百丈鼻頭 丈作忍痛聲 大師云何曾飛去

마대사가 백장과 함께 가다가 날아가는 들오리를 보고는 "저게 뭔가?" 하고 물었다. 백장이 "들오리입니다" 하자 마조가 "어디로 가는 걸까?" 하였다. 백장이 "벌써 날아가버렸는데요" 하자 마대사가 백장의 코를 잡아 비틀었다. 백장이 아픔을 참다못해 소리를 지르니 마대사가 "언제 날아간 적이 있느냐?"고 하였다.[126]

頌 野鴨子知何許 馬祖見來相共語 話盡山雲海月情 依前不會還飛去 欲飛去 却把住 道道

들오리여, 어디쯤에 있는가.
마조가 보자마자 말을 걸었네.[127]
산과 구름, 바다와 달 남김없이 말했으나[128]

---

126) 하루종일 맞닥뜨리는 경계와 인연을 거꾸로 자기 쪽으로 돌리라는 이야기다.(각운의 『선문염송설화』 177칙)
127) "저게 뭔가?" 하고 물어서 "들오리입니다"라고 대답한 장면을 송한 것이다.(원오의 평창에서)
128) 마조가 백장을 지도하려는 의도에서 "어디로 가는 걸까?" 하고 다시 물은 대목을 송한 것이다.(원오의 평창에서)

여전히 모르고서 날아갔다 하였네.
날아가려다 붙잡혔으니
말을 해봐라, 말을 해봐.

【제54칙】雲門, 두 손을 펴 보이다

擧 雲門問僧 近離甚處 僧云西禪 門云 西禪近日 有何言句 僧展兩手 門打一掌 僧云某甲話在 門却展兩手 僧無語 門便打

운문이 한 스님에게 "요즘 어디서 떠나 왔나?" 하고 묻자 그 스님이 "서선사에서 왔습니다" 하였다. 운문이 "서선은 요즘 어떤 법문을 하더냐?" 하고 물었는데 그 스님이 두 손을 펴 보이자 운문이 따귀를 한 대 갈겼다. 그 스님이 "제 말 아직 안 끝났는데요" 하자 이번에는 운문이 두 손을 펴 보였다. 그 스님이 아무 대꾸가 없자 운문이 또 때렸다.[129]

---

129) 요즘 어떤 법문을 하더냐는 질문은 지극히 일상적인 차원에서 던진 것인데, 그 스님은 운문을 시험하느라고 두 손을 벌려 보였다. 운문은 걸려들지 않고 전광석화 같은 기봉으로 그를 때렸다. 그 스님이 "때리는 것이야 그렇다 치고, 제게도 할 말이 있습니다"라고 대답한 데에는 몸을 뒤채어 빠져나갈 틈이 있었다. 운문이 이 점을 보아서 그를 놓아주며 두 손을 벌렸던 것인데, 그가 아무 말도 대꾸를 못하자 다시 때린 것이다.(원오의 평

頌 虎頭虎尾一時收 凜凜威風四百州 却問不知何太嶮
(師云放過一著)

범의 대가리와 꼬리를 한번에 잡아
당당한 위풍이 사백 고을에 퍼졌으나
무엇이 그렇게 험하다는 것일까.
(설두가 한마디 하였다. "한번 놔준다.")

【제55칙】 道吾와 漸源, 문상을 가다

擧 道吾與漸源 至一家弔慰 源拍棺云 生邪死邪 吾云 生也不道 死也不道 源云爲什麽不道 吾云不道不道 回至中路 源云 和尙快與某甲道 若不道 打和尙去也 吾云 打卽任打 道卽不道 源便打 後道吾遷化 源到石霜 擧似前話 霜云 生也不道 死也不道 源云爲什麽不道 霜云不道不道 源於言下有省 源一日將鍬子 於法堂上 從東過西 從西過東 霜云作什麽 源云覓先師靈骨 霜云 洪波浩渺白浪滔天 覓什麽先師靈骨(雪竇著語云 蒼天蒼天) 源云 正好著力 太原孚云先師靈骨猶在

　도오가 점원과 어떤 집에 문상을 갔는데, 점원이 관을

창에서)

두드리며 "살았느냐? 죽었느냐?" 하였다. 도오가 "살았어도 말을 못하고 죽었어도 말을 못한다" 하니 점원이 "어째서 못합니까?" 하였다. 도오는 그저 "말할 수 없다. 말할 수 없어" 할 뿐이었다.

돌아오는 길에 점원이 "스님께선 속시원히 제게 말 좀 해주십시오. 말해주지 않는다면 한 대 치겠습니다" 하자 도오가 "칠 테면 치라지, 그러나 말은 못한다" 하니 점원이 도오를 때렸다.130)

뒷날 도오가 죽은 뒤에 점원이 석상에게 갔는데, 이 이야기를 전해주자 석상이 말하였다. "살았어도 말을 못하고 죽었어도 말을 못한다." 점원이 "어째서 못합니까?" 하니 석상이 "말할 수 없다. 말할 수 없어" 하였다. 점원은 이 말 끝에 깨우친 바가 있었다.

하루는 점원이 법당에서 가래를 들고 이쪽에서 저쪽으로, 저쪽에서 이쪽으로 왔다 갔다 하는데, 석상이 "뭘 하는 겐가?" 하고 묻자 점원이 "돌아가신 스승의 사리를 찾고 있습니다" 하였다. 석상이 "큰 파도가 하늘까지 넘치는데

---

130) 도오는 점원이 자신을 때린 일을 절에서 알게 되면 점원에게 화가 미칠 것이라 염려하여 몰래 그를 도피시킨다. 도오의 자비로 점원은 어느 작은 절에 머물게 되었다. 그는 그곳 행자가 『觀音經』 읽는 소리를 듣다가 "비구의 몸으로 제도를 받을 자에게는 비구의 몸을 나타내어 법을 설하고……"라는 대목에서 대오각성하고서, "내가 스승을 오해했다. 그러니 '이 일'이 말에 있지 않다는 것을 그때 어찌 알았겠는가"라고 하였다.(원오의 평창에서)

무슨 선사의 사리를 찾겠다는 거냐?"(설두가 여기다가 한마디 붙였다. "아이고! 아이고!") 하니 점원이 "힘을 쓰기에 좋은 곳이기 때문이지요"131) 하였다.

태원 부상좌는 이에 대해 "돌아가신 스승의 사리가 남아 있구나" 하였다.

頌 兎馬有角 牛羊無角 絶毫絶氂 如山如嶽 黃金靈骨今猶在 白浪滔天何處著 無處著 隻履西歸曾失却

토끼와 말은 뿔이 있고
소와 염소는 뿔이 없다네.
없다면 털끝 하나 없고
있다면 산악만큼 있다네.
황금빛 사리가 남았다 한들
하늘 닿는 파도에 어디서 찾으랴.
찾을 길이 없어라.
서쪽으로 돌아가다 한쪽 신을 잃었네.132)

---

131) 생사의 파도 속이야말로 힘쓰기 좋은 곳이라는 뜻이다.(각운의 『선문염송설화』 564칙)

132) 달마가 죽은 뒤에 熊耳山에 묻혔는데, 나중에 열어보니 달마는 없고 신발 한 짝만 남았다고 한다. 신발 한 짝만 남긴 채 인도로 돌아간 것이다. 이 구절은 아무리 신령한 거북이라도 꼬리를 질질 끌고 간 자취를 모래밭에 남기듯이, 活句를 참구하고 死句를 배제하겠다는 티가 남았음을 지적한 것이다.(원오의 평창에서)

【제56칙】 欽山, 화살 한 대로 세 관문을 뚫을 때

擧 良禪客問欽山 一鏃破三關時如何 山云放出關中主看 良云恁麼則知過必改 山云更待何時 良云 好箭放不著所在 便出 山云且來闍黎 良回首 山把住云 一鏃破三關卽且止 試與欽山發箭看 良擬議 山打七棒云 且聽這漢疑三十年

양선객이 흠산에게 물었다.
"화살 한 대로 세 관문을 뚫었을 때는 어떻습니까?"
흠산이 대답하였다.
"관문의 주인을 끌어내 보라."
"그러시다면 잘못을 알았으니 기필코 고치겠습니다."
"언제까지 기다리랴?"
"쏘긴 잘 쐈는데 맞지는 않았군요" 하고는 양선객이 나가버리자 흠산이 "스님! 이리 좀 와 보게" 하였다. 양선객이 고개를 돌리자 흠산이 멱살을 잡고 "화살 한 대로 세 관문을 뚫는 것은 관두고, 나에게 화살을 쏴 보아라" 하였다. 양선객이 머뭇거리자 흠산이 몽둥이 일곱 대를 치면서 "두고 보라지. 한 삼십 년은 의심할 놈일세" 하였다.

頌 與君放出關中主 放箭之徒莫莽鹵 取箇眼兮耳必聾 捨箇耳兮目雙瞽 可憐一鏃破三關 的的分明箭後路 君不見 玄沙有言兮 大丈夫先天爲心祖

그대에게 관문의 주인을 내보내나니
화살 쏘는 자들이여, 망발을 떨지 말라.
눈을 건지자니 귀가 먹겠고
귀를 건지자니 두 눈이 멀겠구나.
불쌍하다. 한 화살이 세 관문을 뚫는다니
화살 지난 자리에 흔적이 뚜렷하구나.
그대는 아는가. 현사의 말씀을.
대장부는 천지보다 마음이 먼저니라.

【제57칙】 趙州, 지극한 도

擧 僧問趙州 至道無難 唯嫌揀擇 如何是不揀擇 州云 天上天下 唯我獨尊 僧云此猶是揀擇 州云 田庫奴 什麼 處是揀擇 僧無語

한 스님이 조주에게 물었다.
"지극한 도는 어려울 것이 없으니, 그저 간택만 조심하면 될 뿐이라는데 어찌해야 간택하지 않는 것입니까?"

조주가 대답하였다.

"천상천하에 나 혼자 존귀하다."

"그것도 간택인데요?"

"이 멍청이야,133) 어디가 간택이라는 거냐?"

그 스님은 아무 대꾸가 없었다.

頌 似海之深 如山之固 蚊虻弄空裏猛風 螻蟻撼於鐵柱 揀兮擇兮 當軒布鼓

바다같이 깊고 산같이 굳센데
모기가 허공의 맹풍을 희롱하는 꼴이랑,
개미가 쇠기둥을 흔드는 꼴이랑.
간택, 간택이여!
북루에 걸린 헝겊 북일세.134)

【제58칙】 趙州, 지극한 도

擧 僧問趙州 至道無難 唯嫌揀擇 是時人窠窟否 州云

---

133) 田庫奴(田舍奴)는 신분이 낮은 창고지기로, 福唐 지방 사람들이 지혜롭지 못한 사람을 욕할 때 쓰는 말이다.

134) 헝겊으로 만든 북은 소리가 나지 않는다. 간택을 넘어선 자리에는 아무런 말도 붙일 수 없다는 뜻에서 이렇게 송하였다.(각운의 『선문염송설화』 414칙)

曾有人問我 直得五年分疎不下

한 스님이 조주에게 "'지극한 도는 어려울 것이 없으니, 그저 간택만 조심하면 될 뿐'이라는 말이 요즘 사람들이 빠져 있는 함정이 아닙니까?" 하고 물으니 조주가 "전에도 어떤 이가 내게 물었네만 5년째 대답을 못하고 있네" 하였다.

頌 象王嚬呻 獅子哮吼 無味之談 塞斷人口 南北東西 烏飛兎走

코끼리가 기지개를 켜듯이,
사자가 포효를 하듯이,
아무 맛없는 말씀이
사람들의 입을 막아버렸네.
동서남북 천지간에
까마귀(해) 날고 토끼(달) 달린다.

【제59칙】趙州, 지극한 도

擧 僧問趙州 至道無難 唯嫌揀擇 纔有語言是揀擇 和尚
如何爲人 州云何不引盡這語 僧云某甲只念到這裏 州云

只這至道無難唯嫌揀擇

한 스님이 조주에게 물었다.
"지극한 도는 어려울 것이 없으니, 그저 간택만 조심하면 될 뿐이라는데 말을 꺼냈다 하면 그것이 간택이 되니 화상께선 어떻게 학인들을 지도하십니까?"
조주가 대답하였다.
"어째서 이 말씀(信心銘)을 끝까지 인용하지 않느냐?"
"제가 거기까지밖에 못 외워서요."
"지극한 도는 어려울 것이 없으니, 그저 간택만 조심하면 될 뿐이라……, 그거면 됐다."

頌 水灑不著 風吹不入 虎步龍行 鬼號神泣 頭長三尺知是誰 相對無言獨足立

물도 묻지 않고 바람도 스미지 않네.
용호의 걸음걸이에 귀신의 곡소리,
석 자 머리를 뉘라서 아는가?
말없이 마주한 채 외발로 선 자를.[135]

---

[135] 한 스님이 洞山에게 무엇이 부처냐고 묻자, 동산이 "머리는 석 자에 목은 두 치"라고 대답했다. 이 구절은 이 이야기를 인용하여 조주를 묘사하고 있다.(원오의 평창에서)

【제60칙】 雲門, 주장자

擧 雲門以拄杖示衆云 拄杖子化爲龍 呑却乾坤了也 山河大地 甚處得來

운문이 주장자를 가지고 대중에게 법문을 하였다.
"주장자가 용이 되어 천지를 삼켜버렸다. 산하대지를 어디서 찾겠느냐?"

頌 拄杖子呑乾坤 徒說桃花浪奔 燒尾者不在拏雲攫霧 曝腮者何必喪膽亡魂 拈了也 聞不聞 直須灑灑落落 休更紛紛紜紜 七十二棒且輕恕 一百五十難放君(師驀拈拄杖下座 大衆一時走散)

주장자가 천지를 삼킨 마당에
물결따라 흘러가는 도화는 말해 뭐하랴.
꼬리를 태운 놈도 구름과 안개를 움켜쥐진 못하는데
부레를 태우는 놈이 상심할 필요가 뭐 있으랴.136)

---

136) 龍門(禹門)에 삼층 폭포가 있는데, 3월이 되면 복사꽃이 피고 물이 크게 불어난다. 이때 폭포를 거슬러오르는 데 성공한 물고기는 용이 된다. 물고기가 폭포를 뛰어넘으면 자연히 번개가 쳐서 꼬리를 태워주며, 용이 된 물고기는 구름과 안개를 움켜

법문은 다했는데, 들었느냐 못 들었느냐?
씻은 듯, 말리운 듯, 깨끗하게
어지러운 번뇌를 그만두어라.
몽둥이 일흔두 대도 가벼운 벌이니
백오십 대로도 그대를 놔주기 어렵다.
(설두가 갑자기 주장자를 들고 법좌에서 내려오자 대중들이 몽땅 흩어졌다.)

【제61칙】 風穴, 티끌 하나

擧 風穴垂語云 若立一塵 家國興盛 不立一塵 家國喪亡
(雪竇拈拄杖云 還有同生同死底衲僧麽)

풍혈이 법어를 내렸다.
"티끌 하나를 세우면 나라가 흥하고, 티끌 하나를 세우

쥐고 날아가 버린다. 그런데 폭포를 뛰어넘는 데 실패한 물고기는 이마에 점 찍힌 채 썩은 물 모래더미 속에 돌아와서 괴로워하다가 뱃속의 부레(물고기 내장 중에 공기 주머니)를 태워서 죽는다고 한다. 淸凉의 『華嚴疏』序에는 "수행을 쌓은 보살도 용문에서 부레를 말리는 것과 같다"는 말이 나오는데, 작은 지혜나 작은 덕으로는 이런 경계를 알 수 없다는 뜻이다. 설두의 말은, 용이 되었어도 구름과 안개를 움키지 못하는데, 어차피 이마에 점 찍힌 마당에 상심할 것까지야 뭐 있느냐는 것이다.(원오의 평창에서)

지 않으면 나라가 망한다."

(설두가 주장자를 들고서 "이것과 생사를 같이 할 납자가 있느냐?" 하였다.)

頌 野老從教不展眉 且圖家國立雄基 謀臣猛將今何在 萬里淸風只自知

촌로의 구겨진 이맛살은 그대로 놔두라만137)
나라 위해 웅대한 기틀을 도모해 보자.
영리한 신하, 용맹한 장수, 지금은 어디 갔나.138)
만리에 부는 맑은 바람은 알고 있겠지.

---

137) 본칙에서는 흥·망 양쪽을 다 들었는데, 송에서는 한쪽만을 들었다. 나라가 흥해도 촌노인네는 이맛살을 찌푸린다. 나라를 세워 안정시키려면 반드시 영리한 신하와 용맹한 장수의 힘을 빌려야 한다. 그런 뒤에야 상서가 나타나고 태평성대가 온다. 그러나 서너 집밖에 안 되는 작은 마을의 촌로는 이런 일을 알 리 없다. 나라가 망하여 찬바람만 쓸쓸한데도 촌노인네는 나와서 노래를 부른다. 나라가 망했기 때문이다. 洞山의 문하에서는 이를 轉變處라 하여 부처도 중생도 없는, 시비득실이 끊긴 곳이라 한다. 나라가 망하는 지경에 이르면 봉두난발을 한 채 만사를 다 쉴 일이다. 여기서는 더 이상 성품이니 오묘함이니를 논할 필요가 없다. 그곳에는 신선의 경계가 있기 때문이다. 촌 노인네는 이맛살을 찌푸리기도 하고 노래를 부르기도 한다. 그에게 어떤 안목이 있기에 그럴 수 있을까? 그의 문앞에는 다른 것이 있음을 알아야 한다.(원오의 평창에서)
138) 앞에서 생사를 같이 할 납자가 있느냐고 물었던 것과 같은 맥락이다.(원오의 평창에서)

【제62칙】 雲門, 감춰진 보물 하나

舉 雲門示衆云 乾坤之內 宇宙之間 中有一寶 祕在形山 拈燈籠向佛殿裏 將三門來燈籠上

운문이 대중에게 법문을 하였다.

"천지 안에, 우주 사이에 보물이 하나 있는데 그것이 몸 안에 감추어져 있다.[139] 등롱을 들어다가 불전 안에 놓고, 삼문[140]을 가져다가 등롱 위에 놓아라."[141]

頌 看看 古岸何人把釣竿 雲冉冉 水漫漫 明月蘆花君自看

강가에서 낚싯대 드리운 이
누군지 좀 보아라.

---

139) 僧肇법사의 『寶藏論』에 나오는 말인데, 운문이 이를 인용하여 설법하였다. 여기서 形山이란 四大五蘊이다. 즉 사람이면 누구나 이 보물을 가지고 있고, 낱낱이 분명하게 드러나 있다는 뜻이다.(원오의 평창에서)

140) 큰 절 입구에는 세 개의 문이 차례로 세워져 있어 이 문들을 거쳐서 안으로 들어간다.

141) 등롱을 들어다 불전 안에 놓으라 한 것은 일상적으로 이해가 되는 일이지만, 삼문을 가져다 등롱 위에 놓는다는 것은 운문이 사람들의 情識을 일시에 쳐부숴준 것이다.(원오의 평창에서)

구름은 뭉게뭉게 피어나고
물은 찰랑찰랑 넘실대는데
밝은 달과 갈대를 그대 스스로 보아라.

【제63칙】 南泉, 고양이를 동강내다

擧 南泉一日 東西兩堂爭貓兒 南泉見 遂提起云 道得卽
不斬 衆無對 泉斬貓兒爲兩段

남전의 회하에서 하루는 동당과 서당에 있는 스님들이 고양이를 가지고 다투고 있었다. 그것을 본 남전이 고양이를 들고서 "한마디 내놓을 수 있다면 베지 않겠다"고 하였는데, 대중 가운데 아무도 대답하는 이가 없자 고양이를 두 동강이를 내버렸다.

頌 兩堂俱是杜禪和 撥動煙塵不柰何 賴得南泉能擧令
一刀兩段任偏頗

양쪽 승당 모두 다 답답한 선객뿐이라
부산만 떨었지 어쩌지 못하는데
다행히 남전이 법령대로 시행하여
단칼에 두 동강, 결론을 내었네.

【제64칙】 趙州, 고양이 이야기를 전해 듣고

擧 南泉復擧前話 問趙州 州便脫草鞋 於頭上戴出 南泉云 子若在 恰救得貓兒

  남전이 앞의 이야기를 전해주며 조주에게 묻자, 조주가 짚신을 벗더니 머리 위에 이고 나가버렸다.
  남전은 "그대가 있었다면 고양이를 살릴 뻔했는데……" 하였다.

頌 公案圓來問趙州 長安城裏任閑遊 草鞋頭戴無人會 歸到家山卽便休

  사건의 전말을 들어 조주에게 물으니
  장안성 안에서 마음대로 놀았다 하네.
  짚신 이고 나간 일, 아는 이 없으니[142]
  집에 돌아갔으면 이제 쉬거라.

---

142) 짚신을 이고 나가버린 일에는 이런저런 말을 붙일 수 없다. 그것은 자기만 알 수 있고 자기만 증득할 수 있는 것이기 때문이다.(원오의 평창에서)

【제65칙】 世尊, 아무 말씀 없이

擧 外道問佛 不問有言 不問無言 世尊良久 外道讚歎云 世尊大慈大悲 開我迷雲 令我得入 外道去後 阿難問佛 外道有何所證 而言得入 佛云 如世良馬見鞭影而行

외도가 부처님께 물었다.
"말 있는 것으로도 묻지 않고, 말 없는 것으로도 묻지 않겠습니다."
세존께서 잠자코 계시자 외도가 "세존께서 큰 자비로 구름 같던 저의 미혹을 걷어주시고 저를 깨달음에 들게 하였습니다" 하고 찬탄을 하였다. 외도가 떠난 뒤에 아난이 부처님께 물었다. "외도는 무엇을 깨달았기에 깨달음에 들게 하였다고 말했습니까?" 그러자 부처님께서는 "세간의 좋은 말은 채찍 그림자만 보고도 달리는 격이다" 하였다.

頌 機輪曾未轉 轉必兩頭走 明鏡忽臨臺 當下分姸醜 姸醜分兮迷雲開 慈門何處生塵埃 因思良馬窺鞭影 千里追風喚得回 喚得回鳴指三下

기계의 바퀴를 돌리지도 않았는데[143]
돌렸다 하면 반드시 양쪽으로 달린다.[144]

---

143) '기륜'에서 機는 천 성인들의 신령한 기틀이고, 輪은 그대들이 본래부터 가지고 있는 명맥이다.(원오의 평창에서)

밝은 거울 경대에 걸리면[145]
당장에 미추가 갈린다.
미추가 갈릴 때 미혹의 구름 걷히니
자비의 문 그 어디에 티끌이 일어나랴.
준마는 채찍 그림자를 본다는 말이 생각나네.
바람 쫓아 천리를 갔지만 불러들여야 하리니[146]
불러서 돌아오면 손가락을 세 번 튕기리.[147]

【제66칙】 巖頭, 황소의 난이 지난 뒤

擧 巖頭問僧 什麽處來 僧云西京來 頭云 黃巢過後 還收得劍麽 僧云收得 巖頭引頸近前云囗 僧云師頭落也 巖頭呵呵大笑 僧後到雪峯 峯問什麽處來 僧云巖頭來 峯云有何言句 僧擧前話 雪峯打三十棒趕出

---

144) 세존의 良久는 기틀 전체를 들어보인 것이고 외도의 절은 전체를 알아차린 것이다. 그들은 有無·凡聖·得失 어디에도 빠지지 않고 機輪을 굴렸다. 그러나 요즘 사람들은 기륜을 굴렸다 하면 無에 빠지든지 有에 빠지든지 양쪽으로 달린다.(원오의 평창에서)

145) 세존이 良久하신 일을 송한 구절이다. 밝은 거울이 대에 걸리면 어떤 형상도 거기서 빠져나가지 못한다.(원오의 평창에서)

146) 외도가 그렇게 깨닫기는 했지만 다시 불러들여야 한다는 뜻이다.(각운의 『선문염송설화』 16칙)

147) 세 번을 튕긴다는 것은 종횡으로 자재함을 뜻한다.(각운의 『선문염송설화』 16칙)

암두가 한 스님에게 어디서 왔느냐고 묻자, 그 스님이 서경(長安)에서 왔다고 하였다. 황소[148]의 난이 있었다는데 칼이라도 주워왔느냐고 암두가 묻자 그 스님이 주웠다고 하였다. 암두가 목을 빼서 그 앞에 들이대면서 "자!" 하고 소리쳤다. 그 스님이 암두에게 "스님 목이 떨어졌습니다" 하자 암두가 껄껄 웃었다.

그 스님이 뒤에 설봉에게 갔다. 설봉이 어디서 왔느냐고 묻자 암두에서 왔다고 하였다. 암두가 무슨 법문을 하더냐고 설봉이 묻자 그 스님이 앞의 이야기를 전했다. 그러자 설봉이 몽둥이 삼십 대를 쳐서 그를 쫓아내 버렸다.

頌 黃巢過後曾收劍 大笑還應作者知 三十山藤且輕恕 得便宜是落便宜

황소의 난이 지난 뒤 칼을 주웠다 하니
껄껄 웃은 그 뜻을 작가라야 알리라.
몽둥이 삼십 대도 가볍게 봐준 것이니
이득인 줄 알았더니 오히려 손해였다네.

---

148) 黃巢는 唐 僖宗 때 사람으로 소금장수였다. 그가 살던 때는 백성들이 매우 살기가 힘들어 불만이 극에 달해 있었다. 그는 길을 가다가 칼을 한 자루 주웠는데, 거기에는 '하늘이 황소에게 내린다'는 글자가 새겨져 있었다고 한다. 그는 王仙芝와 함께 수만의 민중을 모아서 난을 일으켜 수도를 장악하고 황제를 자처했다. 그러나 그 난리는 4년 만에 평정되었다.

【제67칙】 傅大師, 금강경 강의

擧 梁武帝請傅大士講金剛經 大士便於座上 揮案一下 便下座 武帝愕然 誌公問 陛下 還會麽 帝云不會 誌公云大士講經竟

양무제가 부대사에게 『금강경』을 강의해 달라고 청했다.149) 부대사가 법좌에 올라가서 상을 한 번 탁 치고 자리에서 내려오자 무제가 매우 놀랐다. 지공이 "폐하께서는 아시겠습니까?" 하고 물었다. 무제가 "모르겠소" 하자 지공이 "부대사는 경을 다 강의했는데요" 하였다.

頌 不向雙林寄此身 却於梁土惹埃塵 當時不得誌公老 也是栖栖去國人

쌍림에 몸을 두지 않고서
양나라에 와서 소란을 일으켰네.

---

149) 傅大士는 婺州 雲黃山에 살았는데, 나무 두 그루를 심어놓고 그것을 '雙林'이라 이름 붙이고 미래의 善慧大士라고 자처하였다. 그는 金陵에 들어가 물고기를 팔아서 살고 있었는데, 양무제에게 신임을 받던 誌公의 추천으로 금강경을 강의해 달라는 청을 받았다.(원오의 평창에서)

그때 지공노인을 못 만났더라면
총총히 양나라를 떠난 자가 되었으리.[150]

【제68칙】 仰山과 三聖, 이름을 묻다

擧 仰山問三聖 汝名什麼 聖云惠寂 仰山云惠寂是我 聖云我名惠然 仰山呵呵大笑

앙산(혜적)이 삼성(혜연)에게 물었다.
"이름이 뭔가?"
"혜적입니다."
"혜적은 나야."
"제 이름은 혜연입니다."
그러자 앙산이 깔깔 웃었다.

頌 雙收雙放若爲宗 騎虎由來要絶功 笑罷不知何處去 只應千古動悲風

---

150) '총총히 양나라를 떠난 자'란 달마를 가리킨다. 무제는 달마의 말도, 부대사의 말도 똑같이 알아듣지를 못했다. 그런데 달마와 무제가 만났을 때는 그 자리에 달마를 위해 무제에게 말해줄 지공이 없었지만, 부대사의 경우는 지공을 만났기 때문에 달마처럼 나라를 떠나지 않아도 되었다는 것이다.(원오의 평창에서)

서로 잡고 서로 놓았으니, 이 무슨 도리인가?151)
애초에 공력을 끊어야 범을 탈 수 있으리.152)
앙산의 웃음소리 어디로 갔나?
천고에 슬픈 바람만 일으키겠네.

【제69칙】南泉·歸宗·麻谷, 혜충국사께 예배를 떠나다

擧 南泉歸宗麻谷 同去禮拜忠國師 至中路 南泉於地上
畫一圓相云 道得卽去 歸宗於圓相中坐 麻谷便作女人拜
泉云恁麽則不去也 歸宗云是什麽心行

남전과 귀종과 마곡이 함께 혜충국사께 예배를 올리러
떠났다. 도중에 남전이 땅에다 동그라미를 그려놓고, "한
마디씩 꺼내놓으면 가겠다"고 하였다. 이에 귀종은 동그라

---

151) 삼성은 앙산이 인정하여 무척 아꼈던 사람이다. 그의 이름을 몰
랐을 리 없던 앙산이 이름을 물었던 이유는, 무심한 가운데 계
교와 사량을 없애주려고 덫을 놓기 위함이었다. 그러나 삼성은
거기 걸려들지 않고 "제 이름은 혜적입니다" 하여 거꾸로 앙산
을 잡아들였다. 한 방 먹은 앙산이 "혜적은 내 이름일세" 한 것
은 상대를 놓아준 처사이다. 이어서 삼성이 "제 이름은 혜연입
니다" 한 것도 상대를 놓아준 것이다. 그러므로 설두는, 쌍방이
잡아들이기도 하고 놓아주기도 하였다고 송하였으니, 이 한 구
절로 송을 마친 셈이다.(원오의 평창에서)

152) 功은 힘을 들여 수행하는 것인데, 無功用이 되어야 호랑이를
자유자재로 탈 수 있다.

미 안에 앉았고, 마곡은 여자처럼 절을 했다. 남전이 "그 정도라면 가지 않겠다"고 하자, 귀종이 "그게 무슨 심뽀냐"고 하였다.

頌 由基箭射猿 遶樹何太直 千箇與萬箇 是誰曾中的 相呼相喚歸去來 曹溪路上休登陟 (復云 曹溪路坦平 爲什麼休登陟)

유기가 원숭이에게 화살을 쏘았네.
나무를 빙빙 돈 화살, 어찌 그리 곧은가.153)
천 명, 만 명 중에서
맞춘 이 누구던가.
귀거래사 부르며 돌아가자 하더니
조계에 오르는 길에서 걸음을 멈췄네.154)

---

153) 由基는 楚나라 때 활을 잘 쏘던 사람이다. 楚莊王이 사냥을 나갔다가 흰 원숭이 한 마리를 보고 부하들에게 쏘게 하였는데, 원숭이가 날아가는 화살을 잡아서 그것을 가지고 놀았다. 장왕이 유기의 소문을 듣고 불러다 활을 쏘게 하였다. 유기가 활을 당기려 하는데 원숭이가 나무를 껴안고 슬피 울었다. 유기가 화살을 쏘자 원숭이는 나무를 끼고 빙빙 돌면서 피하였다. 그러나 화살도 나무를 끼고 돌면서 결국은 원숭이를 쏘아 맞혔다. 이 이야기는 『春秋傳』에 나온다.(원오의 평창에서)
154) 귀거래사를 부르며 돌아가자 했다는 구절은, "그렇다면 떠나지 않겠다"고 한 남전의 말을 송한 것이다. 남전은 떠나지 않음으로써 애초에 가시밭길을 없애준 셈이다. 그러나 설두가 보기에, 조계로 가는 길은 티끌과 자취가 끊겨 말끔하고 평탄한데 오르지 못할 것도 없지 않느냐는 것이다.(원오의 평창에서)

(그리고는 덧붙였다. "조계까지 가는 길은 평탄한데 어째서 오르지 않는가?")

【제70칙】 百丈과 潙山, 입을 닫고 말하기

擧 潙山五峯雲巖 同侍立百丈 百丈問潙山 倂却咽喉唇吻 作麽生道 潙山云却請和尙道 丈云 我不辭向汝道 恐已後喪我兒孫

위산과 오봉과 운암이 함께 백장을 모시고 서 있었는데, 백장이 위산에게 물었다.
"목구멍과 입술을 닫고 어떻게 말하겠느냐?"
위산이 말하였다.
"화상께서 그러고서 말씀해보십시오."
"네게 말해주기는 사양치 않겠으나 뒷날 후손이 끊길까 걱정이다."

頌 却請和尙道 虎頭生角出荒草 十洲春盡花凋殘 珊瑚樹林日杲杲

화상께서 말씀해보시라 하였으니
뿔 난 호랑이 풀숲에서 나왔네.

십주에 봄은 가고 꽃은 지는데
산호 수풀에 밝은 햇살 비추네.155)

【제71칙】 百丈과 五峯, 입을 닫고 말하기

擧 百丈復問五峯 倂却咽喉唇吻 作麽生道 峯云和尙也
須倂却 丈云無人處斫額望汝

백장이 다시 오봉에게 물었다.
"목구멍과 입술을 닫고 어떻게 말하겠느냐?"
오봉이 말하였다.
"화상께서도 목구멍과 입술을 닫으셔야죠."
"아무도 없는 곳에서 네가 오기를 기다리련다."

---

155) 十洲는 바다에 있는데, 옛 사람들이 생각하던 이상향이다. 온갖
 진귀한 것들이 나오며, 이 세상의 백 년이 그곳의 한번 봄에 해
 당한다고 한다. 이런 십주에도 봄이 다 갈 무렵에 꽃나무들은
 다 시들지만 산호 숲은 시들 줄 모르고 빛나니, 참으로 특별하
 다.『십주기』에는 산호에 대해 다음과 같은 설명이 있다. "남쪽
 바다에서 나는데, 높이는 2~3자 되고 가지는 있으나 껍질은
 없다. 옥처럼 생겼는데 붉은 색으로 윤이 난다. 달빛을 받아서
 생장하며 모든 가지마다 달무리가 망울져 있다." 설두는 이 구
 절로 "화상께서 그러고서 말씀해 보십시오" 한 위산의 말을 송
 하였다.(원오의 평창에서)
 '십주……'는 아무것도 없는 공한 경계를, '산호……'는 명명백
 백하게 다 드러난 경계를 송한 것이다.(각운의『선문염송설화』
 185칙)

頌 和尙也倂却 龍蛇陣上看謀略 令人長憶李將軍 萬里天邊飛一鶚

화상께서도 닫으십시오 하여
용사진 위에서 적의 모략 간파했네.156)
사람들은 오래오래 이장군을157) 기억하리.
만리 저편 하늘에서 수리 한 마리 날아가네.158)

【제72칙】 百丈과 雲巖, 입을 닫고 말하기

擧 百丈又問雲巖 倂却咽喉唇吻 作麽生道 巖云和尙有也未 丈云喪我兒孫

백장이 다시 운암에게 물었다.

---

156) 龍蛇陣은 손자병법에 나오는 陣法. 뱀같이 길게 장사진을 쳐놓고 적이 머리 쪽부터 공격해 들어오면 꼬리 쪽에서 반격하고, 꼬리 쪽으로 들어오면 머리에서 반격하고, 중간으로 들어오면 머리와 꼬리 쪽에서 협공을 한다는 전략이다. 백장이 쳐놓은 용사진을 뚫고 들어간 오봉이 상대의 전략을 적진에서 간파했다는 뜻.

157) 이장군은 전한시대 활쏘기의 명장 李廣이다. 그는 적에게 붙들렸다가 적의 말을 빼앗아 타고 돌아온 적이 있다.

158) 백장의 물음은 한 마리 수리 같았고, 오봉의 답은 놓치는 법 없이 적중하는 활과 같았다. 위 두 구절은 설두가 백장과 오봉의 솜씨를 송한 것이다.(원오의 평창에서)

"목구멍과 입술을 닫고 어떻게 말하겠느냐?"
운암이 말하였다.
"화상께서는 목구멍과 입술이 있나 보죠?"
"우리 후손이 끊기겠구나."

頌 和尙有也未 金毛獅子不踞地 兩兩三三舊路行 大雄山下空彈指

화상은 목구멍과 입술이 있습니까 하였으니
황금빛 사자, 땅을 박차고 도약하지 못했네.
삼삼오오 떼지어서 옛길로만 가나니
대웅산159) 밑에서 공연히 손가락만 튕기네.

【제73칙】 馬祖, 四句百非를 떠나서

擧 僧問馬大師 離四句絶百非 請師直指某甲西來意 馬師云 我今日勞倦 不能爲汝說 問取智藏去 僧問智藏 藏云何不問和尙 僧云和尙敎來問 藏云 我今日頭痛 不能爲汝說 問取海兄去 僧問海兄 海云 我到這裏却不會 僧擧似馬大師 馬師云藏頭白海頭黑

---

159) 대웅산은 백장이 살던 곳이다.

한 스님이 마조에게 물었다.

"사구·백비160)를 떠나 조사가 서쪽에서 오신 뜻을 제게 단도직입적으로 말씀해주십시오."

마조가 말하였다.

"내가 오늘은 피곤해서 네게 말해줄 수 없으니 지장에게 가서 물어보아라."

그 스님이 지장에게 묻자, 지장이 어째서 화상(마조)께 묻지 않느냐고 하였다. 그 스님이 화상께서 이리로 와서 물어보라 하였다고 하자, 지장이 "내가 오늘은 머리가 아파서 네게 말해줄 수 없으니 회해 사형에게 가서 물어보아라" 하였다. 그 스님이 회해에게 묻자, 회해가 "거기까지는 나도 모르겠네" 하였다. 그 스님이 마조에게 이야기를 전하니 마조가 "지장의 머리는 희고, 회해의 머리는 검구나" 하였다.

頌 藏頭白海頭黑 明眼衲僧會不得 馬駒踏殺天下人 臨濟未是白拈賊 離四句絶百非 天上人間唯我知

지장은 희고 회해는 검다는 말을
눈밝은 납승도 이해 못하리.
망아지가 세상 사람 다 밟아버리니161)

---

160) 四句는 有, 無, 非有非無, 亦有亦無. 百非는 온갖 가지 틀린 희론. 모든 경우의 논설을 이렇게 분류함.

임제도 날강도라 할 수 없겠네.162)
사구를 떠나고 백비를 끊는 일
천상과 인간 중에 나만 안다네.

【제74칙】 金牛, 밥통을 들고 춤추다

擧 金牛和尙每至齋時 自將飯桶 於僧堂前作舞 呵呵大
笑云 菩薩子 喫飯來(雪竇云 雖然如此 金牛不是好心) 僧
問長慶 古人道 菩薩子喫飯來 意旨如何 慶云大似因齋
慶讚

---

161) 六祖가 懷讓에게 한 예언에서 유래한 말이다. 육조는 회양에게 "나의 불법이 너에게 갈 것이며, 그 뒤에 망아지 한 마리가 나와서 천하 사람들을 밟아버릴 것이다"라고 하였다. 그 뒤에 과연 마조가 나와서 법을 이었으며, 마조의 제자들이 천하에 퍼졌다.(원오의 평창에서)

162) 이 구절은 雪峰이 臨濟를 두고 평한 말에서 유래한다. 임제가 대중에게 이런 법문을 하였다. "붉은 고깃덩이에 無位眞人이 하나 있어서 항상 그대의 얼굴로 드나든다. 아직 알아차리지 못한 이들은 잘 살펴보아라." 그때 한 스님이 나서서 어떤 것이 무위진인이냐고 묻자, 임제가 선상에서 내려와 그의 멱살을 잡고 "말해 봐라, 말을 해봐!" 하였다. 그 스님이 아무 대꾸가 없자 임제가 그를 밀어젖히면서 "무위진인이라니, 무슨 똥 말리는 막대기냐?" 하였다. 뒤에 설봉이 이 이야기를 듣고 "임제는 정말로 날강도 같구나" 하였다. 날강도란 백주 대낮에 아무도 모르게 잽싼 솜씨로 남의 것을 훔치는 자이니, 날카로운 기봉을 가졌다는 뜻이다. 그런데 여기서는 마조의 기봉에 비하면 임제도 날강도라 할 수 없다는 것이다.(원오의 평창에서)

금우화상은 밥 때마다 자기 밥통을 들고 승당 앞에서 춤을 추면서 깔깔 웃으며 "보살들아, 밥 먹으러 오라!" 하였다.(설두가 말하였다. "그렇긴 하나 금우는 좋은 마음에서 그런 건 아니다.")

한 스님이 장경에게 "옛 사람은 무슨 뜻에서 '보살들아, 밥 먹으러 오라'고 했습니까?" 하고 물으니, 장경이 "떡 본 김에 제사지내는 격이다" 하였다.

頌 白雲影裏笑呵呵 兩手持來付與他 若是金毛獅子子 三千里外見譊訛

흰구름 속에서 깔깔대는 소리여.
두 손으로 가져다가 그에게 주네.
황금빛 사자새끼라면
삼천리 밖에서도 허점을 봐야 하리라.

【제75칙】烏臼, 주고 빼앗는 몽둥이

擧 僧從定州和尙會裏 來到烏臼 烏臼問 定州法道 何似這裏 僧云不別 臼云 若不別 更轉彼中去 便打 僧云 棒頭有眼 不得草草打人 臼云 今日打著一箇也 又打三下 僧便出去 臼云屈棒元來有人喫在 僧轉身云 爭奈杓柄在

和尚手裏 曰云 汝若要 山僧回與汝 僧近前 奪臼手中棒
打曰三下 曰云屈棒屈棒 僧云有人喫在 曰云草草打著箇
漢 僧便禮拜 曰云和尚却恁麼去也 僧大笑而出 曰云 消
得恁麼 消得恁麼

한 스님이 정주화상의 회하에 있다가 오구에게 왔는데, 오구가 "정주의 법도가 여기와 비교해서 어떻든가?" 하고 묻자 그 스님이 다르지 않다고 대답했다. 오구가 "다르지 않다면 다시 그곳으로 돌아가거라" 하면서 그를 때렸다. 그 스님이 "몽둥이 끝에도 눈이 달렸으니, 함부로 사람을 치지 마십시오" 하였다. 오구가 "오늘 제대로 한 놈이 걸려들었구나" 하면서 세 대를 때리자 그 스님이 나가버렸다. 오구가 "억울한 몽둥이를 맞는 데는 본디 임자가 있는 법이다" 하니 그 스님이 나가다말고 몸을 돌려 "작대기가 화상의 손에 있는 데야 어쩌겠습니까?" 하였다. 오구가 "원한다면 네게 돌려주겠다" 하니 그 스님이 가까이 와서 오구의 손에서 몽둥이를 빼앗아 오구를 세 차례 때렸다. 오구가 "억울한 몽둥이로다, 억울한 몽둥이로다" 하니 그 스님이 "이미 맞은 사람이 있었습니다" 하였다. 오구가 "함부로 때리는 놈이로구나" 하니 그 스님이 절을 하였다. 오구가 "화상께선 그렇게 하고 가십니까?" 하니 그 스님은 크게 웃고 나갔다. 오구가 "그렇게 할 수 있다니, 그렇게 할 수 있다니……"[163] 하였다.

[頌] 呼卽易 遣卽難 互換機鋒子細看 劫石固來猶可壞 滄溟深處立須乾 烏臼老烏臼老 幾何般 與他杓柄太無端

부르긴 쉽지만 보내긴 어려우니164)
기봉을 교환한 일 자세히 살펴라.165)
단단한 겁석도 오히려 부서지고
푸른바다 깊은 곳도 당장에 마른다.166)
오구 노인이여, 몇 번이나 그랬나.167)

---

163) 그 스님의 능숙한 응대를 오구가 한껏 인정한 말이다.(각운의 『선문염송설화』 297칙)
164) 뱀을 불러모을 때는 휘파람만 불면 오지만 뱀을 보내기는 어렵다. 몽둥이로 때리기는 쉬워도 몽둥이를 그에게 돌려주기는 어렵다는 것이다. 오구에게는 뱀을 부르는 솜씨도 있고 뱀을 보내는 수단도 있어서, 자유롭게 주고 뺏음을 구사했다는 뜻이다.(원오의 평창에서)
165) 정주의 법도와 여기 법도가 어떻게 다르냐는 오구의 물음은 그를 부른 것이며, 때린 것은 그를 보낸 것이다. 그 스님이 오구에게 몽둥이 끝에 눈이 있으니 사람을 함부로 치지 말라고 한 것은 오구를 부른 것이며, 오구에게 다가가 몽둥이를 빼앗아 친 것은 오구를 보낸 것이다. 그 스님이 나가버리자 오구가 "그렇게 가다니……" 한 것은 그를 보낸 것이다. 이렇게 쌍방이 때로는 주인이 되고 때로는 손님이 되어 기봉을 교환한 일을 설두가 찬탄한 것이다.(원오의 평창에서)
166) 겁석이 아무리 견고하다지만 결국 닳아 없어질 때가 있고, 마르지 않을 것 같은 큰 바다도 마를 날이 있다. 그러나 두 스님의 기봉은 천고만고에 다함이 없고, 두 스님이 서 있노라면 그 자리에는 푸른 바다도 마른다는 것이다.(원오의 평창에서)
167) 잡아들이고 놓아주고, 살리고 죽이기를 몇 번이나 했냐는 말이다.(원오의 평창에서)

까닭 없이 그에게 몽둥이를 내주었네.

【제76칙】 丹霞, 안목

擧 丹霞問僧 甚處來 僧云山下來 霞云喫飯了也未 僧云 喫飯了 霞云 將飯來與汝喫底人 還具眼麼 僧無語 長慶 問保福 將飯與人喫 報恩有分 爲什麼不具眼 福云 施者 受者 二俱瞎漢 長慶云 盡其機來 還成瞎否 福云道我瞎 得麼

단하가 한 스님에게 물었다.
"어디서 왔느냐?"
"산밑에서 왔습니다."
"밥은 먹었느냐?"
"먹었습니다."
"너에게 밥을 가져다 먹여준 자는 눈이 있더냐?"[168]
그 스님은 아무 말 없었다.
장경이 보복에게 물었다.
"남에게 밥을 갖다준 일은 보은을 받을 만한 일인데, 어

---

168) 본분상에서 보면 그 스님은 본래 배가 부른 상태이다. 그러므로 그에게 밥을 준 자는 안목이 없는 자라는 것이다.(각운의 『선문 염송설화』 323칙)

째서 눈이 없다고 했을까?"

"준 자나 받은 자나 다 눈이 멀었나 봅니다."

"진력을 다했는데도 눈이 멀었다 하는가?"

"나보고 눈이 멀었다고 할 수 있겠소?"169)

頌 盡機不成瞎 按牛頭喫草 四七二三諸祖師 寶器持來
成過咎 過咎深 無處尋 天上人間同陸沈

진력을 다했다면 눈이 멀지 않으리라는 말
머리를 눌러 소에게 풀을 먹이는 꼴이로다.170)
인도의 이십팔 조사와 중국의 여섯 조사들
보배그릇 전해주어 허물을 만들었네.
그 심한 허물을 찾을 길이 없구나.
신들도 인간도 땅속으로 꺼져버렸다.171)

---

169) 장경과 보복은 설두 회하에서 같이 공부하던 사이로, 옛 사람들의 공안을 들고 거론하기를 좋아했다. 주는 자나 받는 자나 다 눈이 멀었다고 한 보복의 대답은 실로 통쾌하다 하겠다. 그런데도 장경이, 진력을 다했는데도 눈이 멀었다고 하느냐고 다시 질문을 하니 보복이 이렇게 답한 것이다. 보복의 의도는, 내가 이렇게 제대로 눈을 갖추어서 너에게 말해주었는데도 나더러 눈이 멀었다고 할 수 있느냐는 것이다.(원오의 평창에서)

170) 장경의 말이 억지라는 뜻으로 송한 것이다.(각운의 『선문염송설화』 323칙)

171) 부처가 49년을 설법하고 마지막에 오직 발우 하나만 전했는데, 이것이 전해내려와 허물이 되었다. 이는 조사의 大事를 몽땅 땅에 묻어버린 꼴이라, 설두가 신들도 인간도 다 땅속에 꺼져버렸다고 하였다.(원오의 평창에서)

【제77칙】 雲門, 호떡

擧 僧問雲門 如何是超佛越祖之談 門云餬餅

한 스님이 운문에게 "어떤 것이 부처와 조사를 초월한 말입니까?" 하고 묻자, 운문이 "호떡이지" 하였다.

頌 超談禪客問偏多 縫罅披離見也麽 餬餅堼來猶不住 至今天下有譌訛

초월을 묻는 선객 매우 많은데
기운 자국 터진 데가 보이는가?
호떡으로 기웠으나 붙어 있질 않아서[172]
천하에는 아직도 오해만이 난무하네.

【제78칙】 楞嚴經, 목욕 중에 깨달은 보살들

擧 古有十六開士 於浴僧時 隨例入浴 忽悟水因 諸禪德

---

[172] 그 스님의 질문에 틈이 많았던 것을 두고 설두가 "기운 자국 터진 데가 보이느냐"고 송하였다. 운문이 호떡으로 터진 틈을 기워주웠는데 천하의 납승들은 아직도 잘못 알고 있다는 뜻이다. (원오의 평창에서)

作麽生會 他道妙觸宣明 成佛子住 也須七穿八穴始得

옛날에 보살 열여섯 분이 목욕시간에 차례대로 욕탕에 들어갔다가 문득 물의 인연을 깨달았다.[173)

(설두가 말하였다.)

"여러 선사들이여, 어떻게 이해하는가? '묘한 감촉이 분명하여 불자주(初住位)를 이루었다'고 한 그들의 말을. 그

---

173) 『능엄경』 제5권 '六塵圓通章'에 나오는 이야기다. 부처님이 자신의 법문을 듣고 아라한을 이룬 제자들에게 이렇게 물으신다. 각자 처음 발심해서 18界를 깨달을 때, 그 중에 어느 것에서 圓通을 얻었으며 무슨 방편으로 삼마지에 들어갔느냐고. 이에 제자들이 저마다 안이비설신의나 색성향미촉법 등 18계 중 하나를 들어가며 어떻게 원통을 얻었는지를 아뢴다. 이 이야기는 그 중에 觸을 통해 깨달아 들어간 16보살들의 이야기다. 원문은 다음과 같다.

我等先於威音王佛 聞法出家 於浴僧時 隨例入室 忽悟水因 旣不洗塵 亦不洗體 中間安然 得無所有 宿習無忘 乃至今時 從佛出家 今得無學 彼佛名我跋陀婆羅 妙觸宣明 成佛子住 佛問圓通 如我所證 觸因爲上

正脈疏에서는 이 대목을 이렇게 해석한다. 몸[色塵]과 물이 만날 때 차거나 따뜻하거나 껄끄럽거나 매끄러운 감촉이 일어난다. 이 觸은 어떻게 생기는가? 때[塵垢]를 씻음으로써 촉이 생긴다고 한다면 말이 안 된다. 때는 無情인데 어떻게 촉을 現出할 수 있겠는가? 한편 勝義根의 覺體를 씻음으로써 촉이 생긴다고 한다면, 그것도 말이 안 된다. 각체는 물로 씻을 수 없는 것이기 때문이다. 이들은 色塵과 覺體 양쪽의 중간에서 깨달아 자재를 얻어, 觸塵이 어디로부터 생기는지 근거[來處]가 없다는 사실을 알았다. 그래도 오래된 習氣가 없어지지 않았다가 (중략) 묘촉이 선명하여 初住位에 들었다.(동국역경원, 운허스님, 『首楞嚴經註解』에서 참고)

것조차 산산조각이 나야 하리라."

頌 了事衲僧消一箇 長連床上展脚臥 夢中曾說悟圓通
香水洗來驀面唾

일 다한 납승은 하나만을 누리니
긴 침상에 다리 뻗고 누웠네.
깨달아서 원통했다고 잠꼬대를 한다만
향수로 씻고 온 얼굴에 침이나 뱉어주리.174)

【제79칙】 投子, 부처의 소리

擧 僧問投子 一切聲是佛聲 是否 投子云是 僧云和尚莫
屎沸碗鳴聲 投子便打 又問 麤言及細語 皆歸第一義 是
否 投子云是 僧云 喚和尚 作一頭驢得麼 投子便打

한 스님이 투자에게 물었다.
"모든 소리가 다 부처의 소리라는데, 그렇습니까?"

---

174) 원오는 깨달을 법이 없는데 깨달았다고 하면 도리어 사람들에게 미혹만 더해주는 것이므로 그저 두 다리 뻗고 잔다는 夾山의 말을 인용하여 설두가 송한 뜻을 풀이했다. 그러므로 목욕하러 들어가서 妙觸이 宣明하여 깨달았다고 한다면, 납승의 본분에서 보건대, 잠꼬대라는 것이다.(원오의 평창에서)

"그렇지."

"화상께선 방귀소리, 주발에 물 끓는 소리를 내지 마십시오."

투자가 그를 때렸다. 그가 또 물었다.

"거친 말이든 고운 말이든 모두 궁극적인 이치에 귀결된다는데, 그렇습니까?"

"그렇지."

"그럼 화상을 당나귀라고 불러도 되겠네요?"

투자가 그를 때렸다.

頌 投子投子 機輪無阻 放一得二 同彼同此 可憐無限弄潮人 畢竟還落潮中死 忽然活 百川倒流鬧聒聒

투자, 투자여! 기변을 쓰는 데 막힘 없구나.
하나는 놔주고 둘을 잡았으니[175]
여기서도 그랬고, 저기서도 그랬다.[176]
불쌍하다, 헤엄 잘 친다는 수많은 사람들
결국에는 파도 속에서 죽었네.[177]

---

175) 그렇다고 대답한 것은 놔준 것이고, 때린 것은 잡은 것이다.(각운의 『선문염송설화』 728칙)

176) '그렇다'는 똑같은 말 두 마디에 그 스님이 두 차례 얻어맞은 일을 송한 것이다.(원오의 평창에서)

177) 험한 파도를 잘 타는 사람처럼, 그 스님이 위험을 무릅쓰고 투자에게 두 마디를 더 물었는데, 온갖 재주를 부렸어도 여전히 투자의 말 속에 죽을 수밖에 없었음을 송한 구절이다.(원오의

홀연히 되살아났더라면

모든 시냇물이 거꾸로 흘렀으리.178)

【제80칙】 趙州와 投子, 갓난아기의 六識

擧 僧問趙州 初生孩子 還具六識也無 趙州云急水上打
毬子 僧復問投子 急水上打毬子 意旨如何 子云念念不
停流

한 스님이 조주에게 물었다.
"갓난아기에게도 여섯 가지 식이 있습니까?"179)
"센 물살 위에서 공을 친다."
그 스님이 이번에는 투자에게 물었다.
"센 물살 위에서 공을 친다 하셨는데, 그게 무슨 뜻입니까?"

평창에서)

178) 그 스님이 만일 다시 살아나 투자가 앉아 있는 선상을 뒤집어
버렸더라면, 투자도 삼천리를 퇴각했으리라는 것이다.(원오의
평창에서)

179) 갓난아기도 6식을 갖추고 있으므로 눈으로 보고 귀로 들을 수
있다. 그러나 호오·장단·득실을 모른다. 도를 배우는 사람도 이
렇게 逆順의 경계에 동요되지 않아야 한다. 눈으로 색을 보아
도 장님처럼, 귀로 소리를 들어도 귀머거리처럼, 마음이 수미산
같이 흔들리지 않아야 한다. 이것이 납승이 힘을 얻는 곳이다.
(원오의 평창에서)

"찰나찰나 쉬지 않고 흘러간다."

頌 六識無功伸一問 作家曾共辨來端 茫茫急水打毬子
落處不停誰解看

공용 없는 6식으로 질문을 던지니
두 분 선지식 분명히 해명해 주었네.
바삐바삐 흘러가는 물살에 공을 던져
떨어진 곳 쉬지 않으니 누가 볼 수 있으랴.

【제81칙】 藥山, 왕고라니

擧 僧問藥山 平田淺草 塵鹿成群 如何射得塵中塵 山云
看箭 僧放身便倒 山云 侍者 拖出這死漢 僧便走 山云
弄泥團漢 有什麼限(雪竇拈云 三步雖活 五步須死).

한 스님이 약산에게 물었다.
"평전사 들판에 고라니 떼와 사슴 떼가 있는데, 어찌하면 고라니 중의 고라니인 왕고라니를 쏠 수 있습니까?"[180]

---

180) 사슴과 고라니는 구별하기 쉽지만 고라니 속에서 왕고라니를
 구별해서 쏘기는 어렵다. 왕고라니는 항상 가파른 벼랑 위에서
 뿔을 칼날같이 갈아서 자기 몸으로 식구들을 지키므로 호랑이

약산이 "화살이다!" 하고 소리치자 그 스님이 고꾸라졌다. 약산이 "시자야, 이 시체를 끌어내라!" 하자 그 스님이 줄행랑을 쳤다. 약산이 "어린애 같은 놈, 한도 끝도 없구나" 하였다.(설두가 이 이야기를 꺼내고 "세 걸음까지는 살았을 테지만 다섯 걸음에서는 반드시 죽겠지" 하였다.)

頌 塵中塵 君看取 下一箭 走三步 五步若活 成群趁虎 正眼從來付獵人(雪竇高聲云看箭)

고라니 중의 고라니를 그대는 보아라.
화살 한 대 쏘았더니 세 걸음 도망쳤네.[181]
다섯 걸음에도 살아 있다면
떼지어 호랑이를 쫓으련만
밝은 눈은 원래 사냥꾼(약산)에게 부여된 것을.
(설두가 큰 소리로 "화살이다!" 하고 외쳤다.)

도 가까이 하지 못하는 짐승이다. 이 스님은 제법 똑똑한 데가 있어 이 물음을 던져 가장 중요한 일을 밝히려 하였다.(원오의 평창에서)
181) 그 스님이 고꾸라지면서 자기가 고라니라는 생각을 가졌기 때문에 세 보밖에 도망치지 못한 것이다.(원오의 평창에서)

【제82칙】 大龍, 견고한 법신

擧 僧問大龍 色身敗壞 如何是堅固法身 龍云 山花開似錦 澗水湛如藍

한 스님이 대룡에게 물었다.
"색신(몸뚱이)은 썩어 없어지지만, 어떤 것이 견고한 법신입니까?"
대룡이 대답하였다.
"산에는 비단 같은 꽃이 피고, 골짜기 물은 쪽빛같이 맑구나."182)

頌 問曾不知 答還不會 月冷風高 古巖寒檜 堪笑路逢達道人 不將語默對 手把白玉鞭 驪珠盡擊碎 不擊碎 增瑕纇 國有憲章 三千條罪

묻는 자도 모르고 답한 자도 모르네.
달은 차갑고 바람은 높은데
묵은 바위에 싸늘한 노송이여.
우습구나, 길에서 도인을 만나고도
말로도 침묵으로도 대꾸하지 못했네.

---

182) 무너지는 색신 바깥에 견고한 법신이 있느냐고 물은 것인데, 무너지는 이 몸 바깥에 견고한 법신이란 없다고 대답하였다.(각운의 『선문염송설화』 1278칙)

백옥 채찍 손에 들고서
이룡의 여의주를 박살냈어야 하는데
박살내지 않아서 흠집만 더했네.
나라에는 국법이 엄연하니
삼천 가지 죄목으로 벌을 주노라.[183]

【제83칙】 雲門, 옛 부처와 기둥

擧 雲門示衆云 古佛與露柱相交 是第幾機 自代云 南山
起雲 北山下雨

운문이 대중들에게 법문하였다.
"옛 부처와 절 기둥[184]이 만났는데, 이것이 몇 번째 기봉인가?"
대중들을 대신해서 운문 스스로 대답하였다.
"남산에 구름 일었는데 북산에 비가 내린다."

---

183) 중국의 형벌제도는 五刑이었는데, 5형에는 3천 가지 죄목이 있었다. 백옥 채찍을 쥐고 조사의 법령을 시행하여 세상을 꼼짝 못하게 했어야 하는 건데, 이룡을 쳐부수지 않아서 여의주에 흠집만 더했으니 3천 가지 죄를 모두 저질렀다는 것이다.(원오의 평창에서)
184) 법당 바깥 정면에 세워둔 기둥.

頌 南山雲 北山雨 四七二三面相覰 新羅國裏曾上堂 大唐國裏未打鼓 苦中樂 樂中苦 誰道黃金如糞土

남산의 구름, 북산의 비.
서천 28조와 중국 33조가 만났네.
신라에선 벌써 상당을 하였는데
대당국은 북도 치지 않았구나.
괴로움 속의 즐거움
즐거움 속의 괴로움
그 누가 황금을 똥 같다 하는가.

【제84칙】 維摩와 文殊, 불이법문

擧 維摩詰問文殊師利 何等是菩薩入不二法門 文殊曰 如我意者 於一切法 無言無說 無示無識 離諸問答 是爲入不二法門 於是文殊師利問維摩詰 我等各自說已 仁者當說 何等是菩薩入不二法門 (雪竇云維摩 道什麽 復云勘破了也)

유마힐이 문수사리에게 물었다.
"보살이 불이법문에 들어간다는 말이 무슨 뜻입니까?"
문수가 대답하였다.

"모든 법은 말로 설명할 수도 없고, 표현할 수 없고, 알 수도 없어서 문답을 떠났는데 이것이 불이법문에 드는 것이라고 생각합니다."

이번에는 문수사리가 유마힐에게 물었다.

"저희들은 각각 다 말을 했으니[185] 이제는 당신이 말할 차례입니다. 보살이 불이법문에 들어간다는 말이 무슨 뜻입니까?"[186](설두가 "유마야, 뭐라고 하겠느냐?" 하고는 다시 "다 간파해버렸다"고 하였다.)[187]

頌 咄這維摩老 悲生空懊惱 臥疾毘耶離 全身太枯槁 七佛祖師來 一室且頻掃 請問不二門 當時便靠倒 不靠倒 金毛獅子無處討

쯧쯧쯧, 유마 노인네여,
중생이 가엾다고 공연히 시달리네.

---

185) 유마힐이 여러 대보살들에게 不二法門에 대해 한마디씩 해보라 하였는데, 이때 32명의 보살이 제각기 소견을 말하였다. 그들은 有爲·無爲, 眞·俗 二諦를 합일시켜 불이법문이라 하였다. 유마가 마지막으로 문수에게 이 질문을 하였는데, 위에서와 같이 답한 것이다.(원오의 평창에서)

186) 이 물음에 대해 유마가 아무 말 없이 묵묵히 있었다. 그러자 문수가 "언어문자 없는 이것이야말로 불이법문에 드는 것입니다"라고 하였다.

187) 유마가 일방적으로 말 없는 곳에만 빠져 있다면 그것도 옳지 않다는 뜻에서 설두가 다시 위와 같이 착어하였다.(각운의 『선문염송설화』 62칙)

비야리 성에 몸져 누워서
온몸이 마른나무 같구나.
칠불조사 온다 하여
온 방을 쓸고 털고 하더니[188]
불이법문을 묻자마자
그 자리에서 쓰러졌구나.
쓰러지지 않았다면
황금빛 사자를 찾을 길이 없었겠지.

【제85칙】 桐峯庵主, 호랑이를 만난다면

擧 僧到桐峯庵主處 便問 這裏忽逢大蟲時 又作麼生 庵主便作虎聲 僧便作怕勢 庵主呵呵大笑 僧云這老賊 庵主云爭奈老僧何 僧休去(雪竇云 是則是 兩箇惡賊 只解掩耳偸鈴)

　한 스님이 동봉암주의 처소에 와서 "여기서 갑자기 호랑이를 만난다면 어찌시겠습니까?" 하고 묻자 암주가 "어흥!" 하고 소리치니 그 스님이 벌벌 떠는 시늉을 했다. 암

---

188) 칠불조사는 과거 칠불의 조사로 불리는 문수를 말한다. 부처님이 문수에게 유마를 문병하라는 명을 내렸다. 문수가 방문한다는 소리를 듣고서 유마가 방안을 깨끗이 청소하고 맞이할 준비를 하였다.(원오의 평창에서)

주가 깔깔 웃었다. 그 스님이 "이런 늙은 도둑 같으니!" 하자 암주가 "나를 어쩌겠느냐?" 하였다. 그 스님은 거기서 그만두었다.(설두가 말하였다. "옳긴 옳으나 둘 다 솜씨 좋은 도적은 못 된다. 귀를 막고 방울 훔치는 정도만 알았으니.")

頌 見之不取 思之千里 好箇斑斑 爪牙未備 君不見 大雄山下忽相逢 落落聲光皆振地 大丈夫見也無 收虎尾兮捋虎鬚

보았을 때 취하지 않고서
천리를 가서야 후회하네.
알록달록 무늬는 좋은데
손톱도 이빨도 없구나.
그대는 아는가?
대웅산 밑에서 홀연히 만나
우렁찬 그 소리 천지에 진동한 일을.[189]
대장부라면 보았겠지.

---

[189] 대웅산은 百丈이 살던 곳이다. 백장이 黃檗에게 어디 갔다 오느냐고 묻자 황벽이 산밑에 가서 버섯을 따오는 길이라고 하였다. 백장이 호랑이는 보았느냐고 묻자 황벽이 어흥! 하고 소리쳤다. 백장이 허리춤에서 도끼를 꺼내들고 찍는 시늉을 하려는 순간 황벽이 백장의 따귀를 때렸다. 그날 저녁 백장이 상당하여 대중들에게 법문을 할 때 "대웅산 아래 호랑이가 있으니, 여러분들은 잘 살피면서 다녀라. 내가 오늘 한 번 물렸느니라" 하였다.(원오의 평창에서)

범의 꼬리와 수염을 한꺼번에 잡은 것을.190)

【제86칙】 雲門, 무엇이 여러분의 빛인가

擧 雲門垂語云 人人盡有光明在 看時 不見暗昏昏 作麼生是諸人光明 自代云廚庫三門 又云好事不如無

운문이 법어를 내렸다.

"누구에게나 다 밝은 빛이 있지만 막상 보려고 하면 깜깜해서 아무것도 안 보인다. 무엇이 여러분들의 빛인가?"

대중을 대신해서 자신이 대답하였다. "부엌과 삼문이다." 그리고는 또 이렇게 대신 말하였다. "좋은 일도 없느니만 못하다."191)

---

190) 백장과 황벽의 이야기를 놓고, 潙山이 仰山에게 그 화두가 어떠냐고 물었다. 앙산이 "스님은 어떻게 생각하시느냐?"고 되묻자 위산이 말하였다. "백장이 그때 황벽을 찍어 죽였어야 하는 건데, 어쩌자고 이 지경으로 만들어 놓았을까?" 그러자 위산이 말하였다. "아닙니다. 그는 호랑이 머리에 올라탔을 뿐만 아니라 호랑이 꼬리도 잡았는걸요."(원오의 평창에서)

191) 운문은 20년 동안 이 '光明法門'을 했는데 알아듣는 이가 아무도 없었다. 뒤에 香林이 운문에게 代語를 청하자 운문이 이 두 마디 대어를 내놓았다. 운문은 평소에 대어를 하게 되면 대부분 한마디만 했는데, 여기서는 예외적으로 두 마디를 하였다. 첫 번째는 납승들에게 한 가닥 길을 터줌으로써 지도한 것인데, 여기에 집착할까 염려하는 마음에서 "좋은 일도 없느니만 못하

[頌] 自照列孤明 爲君通一線 花謝樹無影 看時誰不見 見不見 倒騎牛兮入佛殿

오롯한 광명 스스로 빛난다 하여
그대들에게 한 가닥 길을 틔워주었네.
꽃은 시들고 나무는 그림자 없으니
본다면 누군들 보지 못하랴.
보이는데도 보지 못하니
소를 거꾸로 타고 법당에 들어가는 꼴이네.192)

【제87칙】 雲門, 어느 것이 자기인가

擧 雲門示衆云 藥病相治 盡大地是藥 那箇是自己

운문이 대중법문을 하였다.
"약은 병을 다스리고 병은 약을 다스리니193) 온 누리가 다 약이다. 그렇다면 어느 것이 자기인가?"

다"는 말을 붙여서 흔적마저도 없애버린 것이다.(원오의 평창에서)
192) 깜깜한 칠통 속으로 들어간다는 뜻.(원오의 평창에서)
193) 쉽게 말해, 有에 집착하는 이에게는 無를 말해주고, 무에 집착하는 이에게는 유를 말해주는 것이다.(원오의 평창에서)

頌 盡大地是藥 古今何太錯 閉門不造車 通途自寥廓 錯錯 鼻孔遼天亦穿却

온 누리가 다 약이란 말을
예나 제나 어찌 그리 잘못 아는지.
문 닫고 수레를 깎지 말아라.194)
다니던 길은 원래 넓으니.
잘못 중에도 큰 잘못이로다.
하늘을 찌르는 콧대도 꿰이고 말았구나.195)

【제88칙】 玄沙와 雲門, 봉사·귀머거리·벙어리를 어떻게 제도하나

舉 玄沙示衆云 諸方老宿 盡道接物利生 忽遇三種病人來 作麼生接 患盲者 拈鎚豎拂 他又不見 患聾者 語言三昧 他又不聞 患啞者 教伊說 又說不得 且作麼生接

---

194) 옛날에 수레를 잘 만드는 이가 있었는데, 그는 문을 닫고 안에서 깎아도 밖에 나가서 끼워맞춰 보면 수레의 각 부분이 딱 들어맞았다. 그런데 설두는 문을 닫고 수레 만드는 일도 하지 않겠다는 것이다. 수행하느라고 억지로 공을 들이지 않고 본래면목 그대로 큰 길에 나선다는 것이다.(원오의 평창에서)

195) 산하대지 바깥에 자기가 따로 있지 않다는 것이 이 이야기의 요지인데, 이 구절은 자기뿐만 아니라 자기의 向上事조차도 남겨두지 않는다는 뜻이다.(각운의 『선문염송설화』 1010칙)

若接此人不得 佛法無靈驗 僧請益雲門 雲門云汝禮拜著 僧禮拜起 雲門以拄杖挃 僧退後 門云 汝不是患盲 復喚近前來 僧近前 門云汝不是患聾 門乃云還會麼 僧云不會 門云汝不是患啞 僧於此有省

현사가 대중법문을 하였다.

"곳곳의 노장들이 중생을 제도한다고들 떠드는데, 생각잖게 세 병신을 만나면 어떻게 제도하겠는가? 봉사에게는 백추를 잡고 불자를 세워 보여도 보지 못할 테고, 귀머거리에게는 언어삼매를 전해봤자 듣지 못할 테고, 벙어리에게는 말을 시켜도 말할 수 없을 텐데 그렇다면 어떻게 제도하겠는가? 이런 사람들을 제도하지 못한다면 불법에 영험이 없다 하리라."

한 스님이 운문에게 이 법문에 대해 더 자세한 설명을 청하자 운문이 절부터 하라고 하였다. 그 스님이 절을 하고 일어나려는데 운문이 주장자로 밀쳤다. 그 스님이 뒤로 물러나자 운문이 "넌 봉사는 아니로구나" 하였다. 운문이 가까이 오라고 하면서 다시 부르자 그 스님이 가까이 가니 "넌 귀머거리도 아니로구나" 하고는 이어서 "알겠느냐?" 하고 물었다. 그 스님이 모르겠다고 대답하자 운문이 "넌 벙어리도 아니로구나" 하였다. 그 스님은 여기서 알아차렸다.

頌 盲聾瘖啞 杳絶機宜 天上天下 堪笑堪悲 離婁不辨正

色 師曠豈識玄絲 爭如獨坐虛窓下 葉落花開自有時 復
云 還會也無 無孔鐵鎚

봉사, 귀머거리, 벙어리
작용을 아득히 끊었네.
하늘 위 하늘 아래 누구나
가소롭다, 불쌍하다 하지만
이루도 진짜 색깔은 구분하지 못하고[196]
사광도 묘한 음색은 알지 못하네.[197]
텅 빈 창가에 홀로 앉아
때 맞춰 잎 지고 꽃피는 일
보는 것이 제일이라네.
(또 한마디 하였다.)
"알겠느냐? 구멍 없는 쇠망치로다."

---

[196] 離婁는 黃帝 때 사람인데 백 보 밖에서 터럭을 볼 만큼 시력이 좋았다.(원오의 평창에서)
[197] 師曠은 周나라 때 晉 景公의 아들이었다. 그는 음악에 조예가 깊었으며, 산 너머 개미 싸우는 소리까지 들을 정도로 귀가 밝았다. 당시 晉과 楚 사이에 싸움이 있었는데, 사광은 거문고를 뜯고 앉아 있으면서도 진나라가 싸움에 지리라는 것을 알았다고 한다.(원오의 평창에서)

【제89칙】 道吾와 雲巖, 대비보살의 손과 눈

舉 雲巖問道吾 大悲菩薩 用許多手眼 作什麼 吾云如人夜半背手摸枕子 巖云我會也 吾云汝作麼生會 巖云遍身是手眼 吾云 道卽太殺道 只道得八成 巖云師兄作麼生吾云通身是手眼

운암이 도오에게 물었다.
"(천수천안)대비보살은 그 많은 손과 그 많은 눈을 어디다 씁니까?"
도오가 대답하였다.
"사람들이 밤에 자다가 등뒤에 베개를 찾느라고 더듬을 때처럼, 그렇게 쓰겠지."198)
"알겠습니다."
"어떻게 알았다는 것이냐?"
"온몸에 손과 눈이 달렸다는 말씀입니다."
"말인즉 썩 잘했다만, 좀 미진하다."
"사형께선 어떻게 생각하시는지요?"
"온몸 그대로가 손이자 눈이다."

頌 遍身是 通身是 拈來猶較十萬里 展翅鵬騰六合雲 搏風鼓蕩四溟水 是何埃壒兮忽生 那箇毫釐兮未止 君不見

---

198) 무심한 가운데 작용을 하고, 작용을 하는 가운데 저절로 무심한 경지를 뜻한다.(각운의 『선문염송설화』 532칙)

網珠垂範影重重 棒頭手眼從何起 咄

변신이 옳은가, 통신이 옳은가?
말을 꺼냈다간 십만리나 멀어진다.
나래 펼친 붕새는 우주의 구름 위로 날며
날갯짓 바람에 사해의 물결을 뒤집는다.
웬 먼지가 이리도 홀연히 일어나는가?
웬 터럭이 저리도 쉬지 않는가?
그대는 보는가?
중중무진 찬란히 빛나는 제석천 구슬그물을.
주장자 끝에 손과 눈은 어디서 나왔는가? 돌!

【제90칙】 智門, 반야의 體用

擧 僧問智門 如何是般若體 門云蚌含明月 僧云如何是
般若用 門云兎子懷胎

한 스님이 지문에게 물었다.
"무엇이 반야의 체입니까?"
지문이 대답하였다.
"조개가 달빛을 머금는 것이지."[199]

───────
199) 漢江에서 나는 조개 속에 맑은 진주가 있는데, 중추절이 되면

"무엇이 반야의 작용입니까?"
"토끼가 새끼를 밴 것이지."200)

頌 一片虛凝絶謂情 人天從此見空生 蚌含玄兎深深意 曾與禪家作戰爭

한 조각 텅 빈 덩어리, 말과 생각을 끊었으니
인간과 천신들 여기서 공생을 보네.201)
조개와 토끼, 그 깊은 뜻을 가지고
이제껏 선가에선 전쟁을 치른다네.202)

조개가 수면에 떠올라 껍질을 벌리고 달빛을 들이마셔 合浦珠라는 진주를 만들어낸다. 그러므로 중추에 달이 나오면 진주가 많이 나오고, 달이 없으면 진주가 적게 나온다고 한다.(원오의 평창에서)

200) 토끼는 陰에 속한 동물이라 중추절에 달이 뜨면 입을 벌려 달빛을 삼키고 바로 잉태하여 입으로 새끼를 낳는다고 한다. 그러므로 토끼도 달이 뜨면 새끼가 많고 달이 뜨지 않으면 새끼를 적게 낳는다고 한다.(원오의 평창에서)

201) 제6칙 頌 각주 참고.

202) 空生(수보리)은 반야를 잘 이해했지만, 반야를 體니 用이니 하는 식으로 설명하지 않았다. 지문은 중추절의 조개와 토끼를 들어 반야의 光을 그저 대답했을 뿐, 조개와 토끼에 무슨 뜻이 있는 것은 아니다. 그러나 천하의 선승들이 조개와 토끼에 무슨 깊은 뜻이라도 있는 듯 법석을 떤다는 뜻이다.(원오의 평창에서)

【제91칙】 鹽官, 무소뿔 부채

擧 鹽官一日喚侍者 與我將犀牛扇子來 侍者云扇子破也 官云 扇子旣破 還我犀牛兒來 侍者無對 投子云 不辭將出 恐頭角不全(雪竇拈云我要不全底頭角) 石霜云 若還和尙 卽無也(雪竇拈云犀牛兒猶在) 資福畵一圓相 於中書一牛字(雪竇拈云 適來 爲什麼不將出) 保福云 和尙年尊 別請人好(雪竇拈云 可惜 勞而無功)

염관이 하루는 시자를 불러서 무소뿔 부채203)를 가져다 달라고 하였다. 시자가 부채가 망가졌다고 하자 염관이 기왕에 부채가 망가졌다면 무소라도 갖다 달라고 하니 시자가 대꾸를 하지 못했다.

투자가 (시자 대신) 대답하였다. "가져다드리는 건 사양치 않겠습니다만 뿔이 온전치 못할까봐서요."(설두가 이 이야기를 꺼내고서 "나는 온전치 못한 뿔이 필요하다" 하였다.)

석상이 (시자 대신) 대답하였다. "화상께 갖다드리려 했는데 없습니다."(설두가 이 이야기를 꺼내고서 "무소는 엄연히 있는데……" 하였다.)

자복이 (시자 대신) 동그라미 하나를 그려놓고서 그 안에

---

203) 무소뿔 부채의 이름에 대해 萬松은 諸方의 설을 소개한다. 부채에 소가 달구경하는 그림을 그려 넣은 것이라 하고, 자루를 무소뿔로 만든 것이라고도 하고, 부채살을 무소뿔로 만든 것이라고도 하는데, 이 모두에 무소뿔 부채라는 이름을 붙일 수 있다.(각운의 『선문염송설화』 199칙)

다 '소'라고 써넣었다.(설두가 이 이야기를 꺼내고서 "아까는 왜 가져오지 않았느냐?" 하였다.)

보복이 (시자 대신) 대답하였다. "화상께선 너무 늙으셨으니 딴 사람에게 부탁해보시지요."[204](설두가 이 이야기를 꺼내고서 "안됐지만, 힘써봤자 헛수고만 할 뿐이다." 하였다.)

頌 犀牛扇子用多時 問著元來總不知 無限淸風與頭角 盡同雲雨去難追(雪竇復云 若要淸風再復 頭角重生 請禪客 各下一轉語 問云 扇子旣破 還我犀牛兒來 時有僧出云 大衆 參堂去 雪竇喝云 抛鉤釣鯤鯨 釣得箇蝦蟆 便下座)

무소뿔 부채를 오랫동안 써왔지만
묻는 족족 아무도 모르네.
끝없는 맑은 바람을 뿔에 실었으나
구름 가고 비 그치니 쫓을 길 없네.

설두가 다시 한마디 하였다.

"맑은 바람 다시 일으키고 뿔을 다시 돋게 하려거든, 선

---

[204] 시자가 보기에 염관이 너무 늙어서 앞의 것은 기억하고 뒤의 것은 까먹는다. 조금 전에 부채를 찾다가 이제는 무소를 찾으니 시봉을 하기가 매우 어렵다. 그러므로 딴 시봉을 찾아보라는 것이다. 보복의 이 말에는 깊은 뜻이 있다 하겠다. 그런데 설두는, 안됐지만 시봉을 들어봤자 헛수고라 하여 보복의 말마저도 타파해버렸다.(원오의 평창에서)

객들이여, 한마디씩 던져 보라."

(선객들이 아무 대답 없자) 다시 말하였다.

"부채가 망가졌다면 무소라도 가져오너라."

그때 한 스님이 나와서 "여러분, 승당에 가서 참선이나 합시다" 하자 설두가 꽥 하고 소리치며 "고래를 잡으려고 낚시를 던졌는데 겨우 새우 한 마리가 걸리다니……" 하고는 법좌에서 내려왔다.

【제92칙】 文殊, 백추를 치고 법회를 끝내다

舉 世尊一日陞座 文殊白槌云 諦觀法王法 法王法如是 世尊便下座

세존이 하루는 법좌에 올랐는데 문수가 백추205)를 치고 "법왕(부처님)의 법을 잘 살펴보니, 법왕의 법이 이러합니다" 하자 세존이 법좌에서 내려오셨다.206)

---

205) 백추는 나무로 만들어진 팔각형의 기구로, 사원에서 법회를 하거나 대중들에게 알릴 사항이 있으면 으레 이것을 친 뒤에 고한다.
206) 『大集經』에 나오는 이야기다. 보통 설법을 하기 위해 장로가 법좌에 오르면 維那가 백추를 치고 "법회에 모인 용상 대중들이여, 第一義를 잘 살펴라"는 말을 한다. 장로의 설법이 다 끝나면 다시 백추를 치고 "법왕의 법을 자세히 관찰하니 법왕의 법이 이러이러합니다"라고 한다. 이것이 법회의 절차인데 문수

頌 列聖叢中作者知 法王法令不如斯 會中若有仙陀客
何必文殊下一槌

많고 많은 성인 중에 작가만이 알았네.
법왕의 법령이 그렇지 않다는 것을.
법회에 선타바 같은 선객207)이 있었다면
문수가 구태여 백추를 쳤으랴.

【제93칙】 大光, 춤을 추다

擧 僧問大光 長慶道 因齋慶讚 意旨如何 大光作舞 僧
禮拜 光云 見箇什麼 便禮拜 僧作舞 光云 這野狐精

한 스님이 대광에게 물었다.

가 이 순서를 거꾸로 행하였다.(각운의 『선문염송설화』 6칙)
207) 仙陀婆는 옛 인도 왕의 신하였다. 그는 매우 똑똑하고 민첩하여 왕이 그를 부르기만 하면 왕에게 지금 무엇이 필요한지를 알아차렸다. 왕이 씻고자 할 때는 물을 대령하고, 밥 먹을 때면 소금을, 식사 후에는 그릇에 음료를, 외출할 때는 말을 즉각 대령하였다. 설두는, 영산회상에 모인 팔만 사천 대중들이 모두 성인 소리를 듣는 자들이었지만, 그 중에 선타바가 왕의 뜻을 알아차리듯 세존의 뜻을 알아차린 영리한 자가 하나도 없었다고 송한 것이다. 선타바 같은 이가 그 자리에 있어서 세존이 법좌에 오르기도 전에 확실히 알아버렸다면 문수가 백추를 치고서 이런저런 말을 할 필요조차 없었다는 것이다.(원오의 평창에서)

"장경이 '떡 본 김에 제사지낸다'고 한 뜻이 무엇입니까?"208)

대광이 춤을 추자 그 스님이 절을 하였다. 대광이 무엇을 보았기에 절을 하느냐고 묻자 이번에는 그 스님이 춤을 추었다. 그러자 대광이 "이 여우 귀신아!" 하였다.

頌 前箭猶輕後箭深 誰云黃葉是黃金 曹溪波浪如相似
無限平人被陸沈

앞의 화살은 살짝 스쳤으나 뒤 화살은 깊이 박혔다.209)
누가 노란 나뭇잎을 황금이라 속였는가.210)
조계의 물결이 그런 거라면
한없는 사람이 땅속에 매몰되리.211)

---
208) 이 책 제74칙 참고.
209) 앞의 화살은 대광이 춤춘 것을 가리키며, 뒤의 화살은 대광이 그 스님에게 "이 여우 귀신아!" 했던 것을 가리킨다.(원오의 평창에서)
210) 뿌리깊은 망상은 단숨에 뽑기가 어렵기 때문에, 노란 나뭇잎을 가지고 황금이라 속여서 우는 아이를 달래는 것처럼, 임시방편을 써서 달래놓은 뒤에 업식을 뽑아준다. 그러므로 아이가 울음을 그치면 노란 나뭇잎은 더 이상 황금이 아니다. 세존의 일대시교나 조사의 공안도 아이의 울음을 달래는 임시방편이므로 그것을 황금으로 생각해서는 안 된다. "이 여우 귀신아!"라는 말도 그의 업식을 바꿔주기 위함일 뿐이다. 여기에는 權·實, 照·用이 함께 있다.(원오의 평창에서)
211) 만일 사방팔방에서 납승들 모두가 그저 춤만 춘다면 멀쩡한 사람들이 무수히 땅속에 매몰될 것이니, 어떻게 구제할 수 있겠

【제94칙】 楞嚴經, 본다는 것

舉 楞嚴經云 吾不見時 何不見吾不見之處 若見不見 自然非彼不見之相 若不見吾不見之地 自然非物 云何非汝

『능엄경』에서는 이렇게 말한다.

"내가 보지 않을 때, 너는 어째서 내가 보지 않는 그곳을 보지 못하느냐? 내가 보지 않는 그곳을 네가 본다면, 그것(보는 성품)이 보지 못하는 물상이 아니라는 것으로 당연히 귀결된다. 내가 보지 않는 그곳을 네가 보지 못한다고 한다면 (나의 보는 성품은) 자연히 물상이 아닌 것으로 귀결되는데, 그렇다면 그것이 어찌 너 자신이 아니겠느냐?"212)

느냐는 뜻이다.(원오의 평창에서)

212) 『능엄경』 제2권에 나오는 이야기다. 세존이 阿難에게 산천초목 일월 등 여러 가지 物相을 다 보게 한 뒤에, 보는 성품이 정녕 어디에 있는지를 논리적으로 따져서 가르쳐주는 내용이다. 물상은 갖가지로 차별이 있지만 보는 성품은 다르지 않다고 하면서, 보는 성품은 외부의 물상과 동일한 양상으로 존재하는 것이 아님을 네 단계로 가르쳐 준다. 이 대목에 經家들은 '辨見非物'(보는 성품은 물상이 아니라는 사실을 해명함)이라는 제목을 붙이고, '四若章'(이 부분에 조건절을 이끄는 若자가 네 번 나오므로 이런 별명이 붙었다)이라 하여 『능엄경』에서 중요한 부분으로 취급해 왔다. 여기 화두에서는 네 가지 중에 앞의 하나가 빠져 있다. 그것을 보완해서 四若章의 원문을 소개하면 다음과

[頌] 全象全牛翳不殊 從來作者共名模 如今要見黃頭老
刹刹塵塵在半途

같다.
1. 若見是物 則汝亦可見吾之見
2. 若同見者 名爲見吾 吾不見時 何不見吾不見之處
3. 若見不見 自然非彼不見之相
4. 若不見吾不見之地 自然非物 云何非汝
(번역참고: 동국역경원, 운허스님, 『首楞嚴經註解』에서)
1. 만일 보는 성품이 물상이라면, 너는 (다른 물상을 볼 수 있듯이) 나의 보는 성품을 볼 수 있어야 한다.
2. (내가 어떤 물상을 볼 때, 나의 보는 성품이 그 물상에 있다고 가정하고) 만일 (그 물상을 너와 내가) 동시에 보는 것을 두고 나의 보는 성품을 본다고 한다면, 내가 (그 물상에서 눈길을 거두어) 보지 않고 있을 때는 어째서 내가 보지 않는 그곳을 너는 보지 못하느냐?
3. 그럼에도 불구하고, 내가 보지 않는 그곳을 네가 보노라고 우긴다면, 이런 문제가 생긴다. 즉 내가 아무것도 보지 않을 때 나의 보는 성품은 내가 보지 않는 그곳에 있고, 여러 물상은 내가 보지 않는 저 밖의 물상일 뿐이다. 이미 물상을 떠나 아무것도 보지 않는 나의 견성을 네가 본다고 우긴다면, 너의 보는 성품은 애써 증명할 필요도 없이, 보지 않는 그 물상에 있는 것이 아니라는 결론이 나온다.
4. 반면, 내가 보지 않는 그곳을 네가 보지 못한다고 한다면, 그것 역시 증명할 필요도 없는 일이다. 나의 보는 성품은 물상이 아닐 테고, 나의 보는 성품이 물상이 아니라면 너의 보는 성품도 물상이 아닐 것이다. 그렇다면 그것이 네 자성이 아니고 무엇이겠느냐?
이상 '사약장'은 見을 物相이라고 가정하는 데서 생기는 오류를 지적한 것인데, 세존은 이 뒤에 이어서 한 가지를 결론적으로 더 지적하신다. 보는 성품이 물상이라면, 네가 물상을 볼 때 물상도 너를 보아야 할 것이다. 그렇다면 有情·無情 등의 體性이 뒤섞여서 모든 世間法이 존립할 수 없다는 것이다.

코끼리 전체를 보고, 소를 온전히 잡아도213)
눈병을 앓는 이와 다를 바 없으니214)
이제까지 작가 선지식들 모두가
더듬어보고 이름을 붙여왔네.
당장에 노란 머리 석가노인을 보고자 하는가?
진진찰찰에서 보았다 해도 반밖에 못 본 셈이다.215)

【제95칙】 長慶과 保福, 여래의 말씀

擧 長慶有時云 寧說阿羅漢有三毒 不說如來有二種語

---

213) 온전한 소〔全牛〕란 『莊子』에 나오는 이야기다. 포정은 소 잡는 일로 경지를 이룩한 백정이다. 그는 소를 잡을 때 소 전체를 보지 않고도 살결을 따라 자유로이 칼을 놀리면 머리, 뿔, 발굽, 고기 등 각 부분이 저절로 발라져 나왔다. 이렇게 19년이나 소를 잡았는데도 칼날이 전혀 상하지 않았다고 한다. 이를 두고 '전우'라 한다.(원오의 평창에서)

214) 봉사 코끼리 더듬듯 한 부분만 아는 것이 아니라 코끼리 전체를 파악하고, 포정이 소 잡듯 완벽하게 전체를 이해한다 해도, 설두가 보기에는 눈에 백태가 끼어서 제대로 보지 못하는 자와 다를 바 없다는 것이다.(원오의 평창에서)

215) 설두는 物相을 송하지도 않고 見과 不見을 송하지도 않았다. 敎眼을 넘어서 단도직입적으로 부처 보는 일을 송한 것이다. 석가노인을 보려면 당장에 바로 보아야지, 더듬어 찾으면 천리만리 어긋난다. 설두는 평소에 "한 티끌이 한 부처의 세계이며, 잎새 하나에 석가 한 분"이라는 말을 하였다. 여기서는 티끌마다 국토마다에서 석가를 본다 해도 아직 반밖에 도달하지 못했다는 것이다.(원오의 평창에서)

不道如來無語 只是無二種語 保福云作麼生是如來語 慶
云聾人爭得聞 保福云情知爾向第二頭道 慶云作麼生是
如來語 保福云喫茶去

언젠가 장경이 말하였다.

"아라한에게 삼독(貪瞋癡)이 있다고는 말할 수 있을지라
도 여래에게 두 말이 있다고는 하지 못할 것이다. 여래가
아무 말씀 안 하셨다는 뜻이 아니라 두 말은 하지 않으셨
다는 뜻이지."

보복이 물었다.

"그렇다면 여래의 말씀이란 어떤 것이오?"216)

"귀머거리가 어찌 들을 수 있겠는가?"

"사형이 두 번째 것을 가지고 말할 줄을 내 짐작하고 있
었지."

"그렇다면 여래의 말씀이란 어떤 것인가?"

"차나 마시죠."

頌 頭兮第一第二 臥龍不鑒止水 無處有月波澄 有處無
風浪起 稜禪客 稜禪客 三月禹門遭點額

---

216) 保福과 長慶은 雪峰 회하에 사형사제지간으로 있으면서, 서로
가 서로를 경책하고 도와주었다. 장경이 평소에 敎學에 관심이
있어서 경론을 가지고 이야기를 많이 했으므로 보복이 이런 질
문을 한 것이다.(원오의 평창에서)

첫 번째 것이니, 두 번째 것이니 하지만
와룡은 고인 물에 나타나지 않는다.[217]
용 없는 곳엔 잔잔한 물결에 달이 뜨고
용 있는 곳엔 바람 없어도 물결이 거세다.[218]
혜릉(장경), 혜릉 선객이여!
삼월의 용문폭포에서 이마를 다쳤구나.[219]

【제96칙】 趙州, 흙부처·금부처·나무부처

舉 趙州示衆三轉語

조주는 세 마디 말로 대중법문을 하였다.[220]

頌 泥佛不渡水 神光照天地 立雪如未休 何人不雕僞

---

217) 第一義니 第二義니 하고 따지는 것이 이미 썩은 물속에서 살림을 차리는 격이라는 뜻이다.(원오의 평창에서)
218) 차나 마시라고 한 보복의 마지막 말을 송한 것이다.(원오의 평창에서)
219) 장경도 용문을 통과한 용이기는 하지만 갑작스레 보복에게 이마를 한차례 얻어 맞았다는 뜻이다.(원오의 평창에서)
220) 三轉語의 내용은 다음과 같다.
  금부처는 용광로를 지나지 못하고, 나무부처는 불을 지나지 못하고, 흙부처는 물을 지나지 못한다. 진짜 부처는 안에 앉아 있으니, 보리·열반·진여·불성 등의 말이 다 몸에 걸친 옷과 같아서 번뇌라고도 할 수 있다.

金佛不渡鑪 人來訪紫胡 牌中數箇字 淸風何處無
木佛不渡火 常思破竈墮 杖子忽擊著 方知辜負我

흙부처는 물을 지나지 못하는데
신광이 천지를 비추는구나.
눈 속에 서 있는 걸 그만두지 않았더라면
누군들 그 짓을 흉내내지 않았으랴.[221]

---

[221] 2조 神光이 태어났을 때 신비스러운 빛이 방안을 가득 비추고 은하수까지 닿았다. 하루는 神人이 나타나 2조에게 "그대가 도를 얻을 때가 다가오니 여기 머물지 말고 남쪽으로 가라"고 하였다. 그는 태어날 때의 인연과 신인을 만난 것을 계기로 '신광'이라 이름하였다. 그는 공맹과 노자의 가르침을 배우다가 달마스님을 찾아가서 간절한 마음으로 눈 속에 서서 가르침을 구했다. 달마는, 부처님께서는 광겁의 수행 끝에 도를 얻으셨는데, 경솔하고 거만한 마음으로 진리를 얻고자 하는 것은 잘못이라고 그를 외면했다. 그는 도에 대한 마음이 더욱 간절해져서 스스로 왼팔을 잘라 달마 앞에 바치니 달마가 무슨 일로 눈 속에서 팔을 끊었느냐고 물었다. 그는 마음이 편치 않으니 스님께서 마음을 편하게 해달라고 하였다. 그러자 달마가 네 마음을 가져오면 편안케 해주겠다고 하였다. 그는 마음을 찾아보았지만 찾을 수가 없다고 하였다. 그러자 달마가 이미 네 마음을 편안하게 해주었다고 말하며, 그를 인가한다는 뜻에서 이름을 慧可라고 고쳐주었다.
2조는 달마에게 법을 전해 받은 뒤에도 일정한 거처 없이 드러내지 않고 살다가 3조에게 법을 전해주고도 그렇게 살았다고 한다. 道宣律師의『고승전』三祖傳에는 "2조의 오묘한 법이 세간에 전해지지 않다가 다행히도 (삼조가) 끝에 가서 당시 눈 위에 서 있었던 일을 깨쳤다"고 기록한다. 雪竇의 송은, 그가 눈 위에 서 있는 것을 멈추지 않았더라면, 공손한 모습으로 아첨 떨고 사기치는 사람들이 그를 흉내내서 일시에 그런 풍조가 형

금부처는 용광로를 지나지 못하는데

자호를 찾아 온 이들

문패에 새겨진 몇 글자를 보았네.222)

맑은 바람, 어디엔들 없으랴.

나무부처는 불을 지나지 못하는데

항시 파조타 생각이 나네.223)

성되었으리라는 뜻이다.(원오의 평창에서)

222) 紫胡는 산문에 팻말을 하나 세우고 거기에다 이렇게 써놓았다. "나에게 개 한 마리가 있는데 위로는 머리를, 가운데로는 허리를, 아래로는 다리를 물어 뜯는다. 자칫하면 목숨을 잃을 것이다"라고. 그리고는 누군가 찾아오기만 하면, 그는 "개조심해라!" 하고 벼락 소리를 질러, 찾아온 이가 머리를 돌리는 순간 방장실로 들어가 버렸다.(원오의 평창에서)

223) 破竈墮는 이름과 언행이 알려지지 않은 인물이었다. 그는 嵩山에 은거했는데 하루는 제자를 데리고 산간마을로 들어가니 영험하다고 소문난 사당이 있었다. 그 사당 안에는 솥 하나가 걸려 있었는데 원근 사람들이 제사를 올리느라 짐승을 죽여 그 솥에 삶는 일이 많았다. 파조타가 사당 안으로 들어가 주장자로 솥을 세 번 치면서 "쯧쯧, 그대는 본래 흙으로 만들어진 것인데, 신령함이 어디로부터 오기에, 성스러움이 어디에서 일어나기에, 이렇게 산목숨을 삶아 죽이느냐" 하였다. 이 말을 하고 다시 주장자로 세 번을 치자 솥이 저절로 깨지면서 푸른 옷에 높은 관을 쓴 사람이 앞에 서서 절을 하고 말하였다. "저는 부엌 신(竈)인데 오랫동안 업보를 받아오다가 스님께서 無生法忍을 설해주시어 오늘에야 이곳을 벗어나 하늘에 태어났기에 일부러 찾아와 감사를 드립니다." 그러자 파조타가 "그대에게 본래 있던 성품이지 내가 억지로 한 말은 아니다" 하니 그 신은 절을 두 번 하고 사라졌다. 이에 시자가 "저는 오랫동안 스님을 모셨지만 아직 가르침을 받지 못했는데 부엌 신은 어째서 한번

갑작스런 주장자를 맞고서야
나를 저버렸다는 걸 알았네.

【제97칙】 金剛經, 멸시를 당하는 자는

擧 金剛經云 若爲人輕賤 是人 先世罪業 應墮惡道 以今世人輕賤故 先世罪業 則爲消滅

『금강경』에서는 이렇게 말한다. "(이 경을 수지독송하는데도) 남에게 멸시를 당하는 사람은, 지난 세상에서 지은 죄업으로 치자면 악도에 떨어져야 마땅하겠지만, (이 경을 수지독송했기 때문에) 이번 세상에서 멸시를 당하는 것으로 지난 세상의 죄업이 소멸된다."

頌 明珠在掌 有功者賞 胡漢不來 全無技倆 伎倆旣無 波旬失途 瞿曇瞿曇 識我也無 復云 勘破了也

에 깨달아 하늘에 태어났습니까?" 하고 물었다. 파조타는 부엌 신에게 했던 말을 되풀이하며 해줄 말은 그것뿐이라고 하였다. 시자가 아무 대답이 없자 파조타가 "알겠느냐?" 하니 시자가 "모르겠습니다" 하였다. 파조타가 절이나 올려보라 하여 시자가 절을 하는데, 파조타가 "깨졌구나[破]! 떨어졌구나[墮]!" 하였다. 이 말에 시자가 깨달았다.(원오의 평창에서)

밝은 구슬이 손안에 있어
공을 세운 자에게 상으로 주렸더니
오랑캐건 중국놈이건 오지를 않으니
어찌해볼 요량이 전혀 없구나.
어찌해볼 여지가 이미 없으니
아무리 파순이라도 길을 잃는다.
구담(석가), 구담이여!
나를 알아보겠는가?[224]

(다시 한마디 하였다.)
"간파해버렸다."

【제98칙】 天平, 西院에게 틀렸다는 말을 두 번 듣다

擧 天平和尙行脚時 參西院 常云 莫道會佛法 覓箇擧話

---

224) 누구든 이 경을 受持하여 영험을 얻은 자에게는 밝은 구슬을 상으로 주려 한다. 공을 세운 자가 이 구슬을 얻어 자재하게 쓸 줄 알면, 오랑캐가 왔을 때는 오랑캐를 비춰주고 중국인이 왔을 때는 중국인을 비춰주어〔胡來胡現漢來漢現〕삼라만상을 걸림없이 나타내준다. 그런데 아무도 오지 않을 때는 어떤가? 부처님 눈으로 엿보려 해도 보이지 않는다. 어찌해볼 도리가 없다는 것이다. 여기에서는, 막강한 힘으로 수행자를 어지럽히는 악마 파순이 찾아온다 해도 길을 잃는다. 설두는 파순에 대해서는 그만두고, 설사 부처가 찾아온다 해도 나를 알아보겠느냐는 것이다.(원오의 평창에서)

人也無 一日西院 遙見召云 從漪 平擧頭 西院云錯 平行三兩步 西院又云錯 平近前 西院云 適來這兩錯 是西院錯 是上座錯 平云從漪錯 西院云錯 平休去 西院云 且在這裏過夏 待共上座商量這兩錯 平當時便行 後住院 謂衆云 我當初行脚時 被業風吹 到思明長老處 連下兩錯 更留我過夏 待共我商量 我不道恁麼時錯 我發足向南方去時 早知道錯了也

천평화상이 행각하던 시절에 서원을 찾아갔다. 그는 늘 "불법을 안다고 하지 말라. 화두를 거량할 만한 사람은 찾을래야 찾을 수가 없다"라고 말하였다. 하루는 서원이 멀리서 그를 보고는 "종의(천평)야!" 하고 불렀다. 천평이 고개를 들자 서원이 "틀렸어!" 하였다. 천평이 두세 걸음 걷는데, 서원이 또 "틀렸어!" 하였다. 천평이 가까이 가자 서원이 "좀 전에 두 번이나 틀렸다고 했는데 내가 틀렸냐, 네가 틀렸냐?" 하였다. 천평이 "제가 틀렸습니다" 하자 서원이 "틀렸어!" 하였다. 천평이 그만하려는데 서원이 "우선 여기서 하안거를 지내면서 두 차례 틀렸다고 한 것을 함께 생각해보기로 하세" 하였으나 천평은 당장 떠나버렸다.

그 뒤 천평이 절 주지가 되었을 때 대중에게 이렇게 말하였다.

"내가 처음 행각하던 시절에 업의 바람에 쓸려 사명장

로(서원)에게 갔다. 장로는 나에게 연거푸 두 번이나 틀렸다 하고, 나에게 하안거 동안 머물며 그것을 함께 생각해보자고 하였다. 내가 그때는 틀렸다는 것을 몰랐으나 남쪽으로 떠나려고 발을 뗀 순간 틀렸다는 것을 알아차렸다."

頌 禪家流 愛輕薄 滿肚參來用不著 堪悲堪笑天平老 却謂當初悔行脚 錯錯 西院淸風頓銷鑠 復云 忽有箇衲僧出云錯 雪竇錯 何似天平錯

선을 하는 사람들, 경박함을 좋아하여
참선으로 배를 채웠으나 쓸 곳이 없네.
우습고도 불쌍하다, 천평노인이여!
애당초 행각을 후회한다니
틀렸다, 틀렸다.
서원의 맑은 바람이 단번에 녹여버렸네.

(다시 한마디 하였다.)
"갑자기 납승 하나(설두 자신을 가리킴)가 나서서 틀렸다고 말한다면, 나의 틀림과 천평의 틀림이 어떻게 다른가?"

【제99칙】慧忠國師, 十身 부처

擧 肅宗帝問忠國師 如何是十身調御 國師云檀越踏毘盧頂上行 帝云寡人不會 國師云莫認自己淸淨法身

숙종 황제가 혜충국사에게 물었다.
"무엇이 열 가지 몸을 가진 부처님입니까?"
국사가 말하였다.
"시주께서는 비로자나부처의 정수리를 밟고 지나십니다."
"저는 이해하지 못하겠습니다."
"자기의 청정법신을 오인하지 마십시오."

頌 一國之師亦强名 南陽獨許振嘉聲 大唐扶得眞天子 曾踏毘盧頂上行 鐵鎚擊碎黃金骨 天地之間更何物 三千刹海夜沈沈 不知誰入蒼龍窟

일국의 국사, 억지 이름일 뿐이나
남양(혜충)만은 그 명성 떨침을 허락하리.
대당국에서 참다운 천자를 도와서
비로자나 정수리를 밟고 가게 하였네.
철퇴로 황금뼈를 박살냈으니
천지간에 무엇이 남아 있으랴.

삼천세계 제망찰해 밤은 깊은데
창룡굴에 들어간 이 누구이던가.

【제100칙】 巴陵, 吹毛劍

舉 僧問巴陵 如何是吹毛劍 陵云珊瑚枝枝撐著月

한 스님이 파릉에게 "무엇이 취모검225)입니까?" 하고
묻자 파릉이 "산호가지마다 달이 걸렸구나"226) 하였다.

頌 要平不平 大巧若拙 或指或掌 倚天照雪 大冶兮磨礱
不下 良工兮拂拭未歇 別別 珊瑚枝枝撐著月

공평치 못한 일을 공평케 하려는데
뛰어난 재주는 오히려 어눌하게 보이는 법.227)

---

225) 吹毛劍은 아주 날카로운 칼이다. 칼날 위에 솜털을 올려놓고
 입김으로 불면 솜털이 잘려 나간다 하여 이런 이름이 붙었다.
 (원오의 평창에서)
226) 제70칙 頌 각주 참고.
 이는 천지간에 홀로 서서 아무도 짝할 이 없는, 전무후무한 경
 계를 말한다.(원오의 평창에서)
227) 옛날 어느 협객이 길에서 강한 사람이 약한 자를 능멸하는 불
 공평한 일을 보고 당장에 칼을 날려 강한 자의 목을 베었다. 마
 찬가지로 宗師들은 눈썹 속에 寶劍을 감춰두고 소맷자락에 무

손가락으로 쓰건 손바닥으로 쓰건
하늘 닿는 장검은 땅위의 눈을 비추네.
큰 대장장이도 갈아내지 못하고
좋은 기술자도 닦아내지 못하니
다르구나, 달라.
산호가지마다 달이 걸렸구나.

쇠철퇴를 넣고 다니며 공평치 못한 일을 결단해 준다. 파릉의 답은 불공평한 일을 공평하게 만들려는 의도였는데, 그 말이 너무나 솜씨가 좋아서 도리어 못난 듯이 보인다. 그 자리에서 바로 검을 휘두르지 않고 외진 곳에서 사람의 머리를 잘라 남들은 알 수 없게 했기 때문이다.(원오의 평창에서)

역자 후기

1. 설두는 종문에 내려오는 1,700 공안〔則〕중에 진수가 될 만한 100칙을 뽑아 대중들 앞에서 거론하면서 거기에 송을 붙였는데, 그것이 『송고백칙』이다. 이 송고백칙에 圜悟가 각각의 이야기를 어떻게 봐야 할지 길 안내 법문을 본칙 앞에 붙이고〔垂示〕, 본칙과 송의 각 구절마다 속담식의 짧은 평을 붙이고〔著語〕, 맨 끝에 공안을 이해하는 데 필요한 고사나 자신의 견해를 피력하는 글〔評唱〕을 붙여 만든 것이 『벽암록』이다. 그러므로 송고백칙은 벽암록을 세상에 나오게 한 책이다.

이는 다른 선 문헌들과 비교해볼 때, 형식면에서 매우 독특한 개성을 지닌다. 선사들의 어록은 대부분 일대기와 법문으로 구성되어 있다. 그에 비해 송고백칙과 벽암록은 납자들에게 공안을 던져주어 의심을 불러일으키는 광경을 현장감 있게 전달하고, 송과 착어를 통해서 옛 사람들의 안목에 비평을 가하는 내용으로 되어 있다. 책이 만들어진

경위가 복잡하기 때문에 어쩔 수 없이 구성이 좀 번쇄하기는 하지만, 촌철살인의 짧은 멘트와 깔끔한 시에 비평을 담아낸 솜씨는 다른 문학작품에서는 얻을 수 없는 색다른 맛을 보여준다.

2. 이 책에 등장하는 선지식들은 한결같이 우리 마음속에 어떤 우상도, 어떤 찌꺼기도 남겨놓기를 허락하지 않는다. 설사 그것이 부처라 해도 말이다. 이렇게 볼 때 백 칙의 공안 가운데 설두가 하고자 했던 이야기는 제1칙 廓然無聖話면 충분하다. 그리고 그것이 이 책 전체를 一以貫之하는 내용이기 때문에 맨 앞에 놓이지 않았을까 한다. 그 뒤로 이어지는 공안들도 이런 취지를 잘 보여준다.

선지식을 찾아온 납승들은 대개가 평생 불법을 짊어지고 참선으로 배를 꽉 채운 사람들이다. 그들이 清淨法身, 至道, 祖師西來意, 般若, 生死 등의 문제를 들고 찾아오면 선지식들은 그 자리에서 그것들을 배설하게 만든다. 방이나 할, 주고 뺏기, 힘 빼기 한마디, 끝내기 한마디 등 다양한 방법을 써서 발붙일 틈을 주지 않는다. 들고 나온 문제 자체가 틀렸다는 것을 지적해주고, 자신의 허점을 스스로 보게 하고, 의심 하나에 집중할 수 있도록 유도하기도 하고, 바깥에 나가 있던 마음을 단번에 불러들여 생생한 자기를 환기시켜주기도 한다. 좀 거칠고 과격하기는 해도, 선지식들은 이런 수단을 써서 납자들이 단지 자신을 아는데 그치는 것이 아니라 자기를 놓게 만든다. 이 책은 이런 생기들로 가득 찬 책이다.

3. 선사들은 대부분 "어디서 왔느냐?" "밥은 먹었냐?" "차나 마셔라" 하면서 일상어로 사람들을 제접한다. 不立文字를 염두에 두면, 선가에서 부득이 말을 하게 되었을 때 그나마 적합한 도구가 일상어가 아니었나 생각한다. 경론에 나오는 개념어들 대신에 일상어로 불법을 표현했던 일은, 그들 나름대로 성취한 파격적인 번역이라 할 수 있다. 그리고 이런 언어는 번쇄한 개념어보다 훨씬 파급력이 컸을 것이다. 중국에서 번역과 교학의 시대가 쇠퇴하면서 선불교가 당시 불교계를 이끌어나가게 된 데에는 그들이 사용한 일상어도 한몫 했으리라 본다.

4. 아무리 불립문자라고는 하나, 말은 말을 통해 잠재울 수 있다. 그래서 선사들도 많은 말씀을 남겼고, 선가에는 적잖은 어록들이 내려온다. 그 중에 송고백칙과 벽암록을 만든 설두와 원오는 글빨과 말빨에서 뒤지지 않는 사람들이다.

원문이 출중할수록 번역하는 자에게는 어려움이 크다. 그리고 頌을 멋지게 번역한다는 것은 애초에 불가능하다. 가깝게 생각해서, 우리의 시도 다른 언어로는 맛나게 옮길 수 없을 것이다. "엄마야 누나야 강변 살자", "죽어도 아니

눈물 흘리오리다" 같이 어렵지 않은 시구를 다른 나라 말로 옮겼을 때, 그 정서가 고스란히 옮겨질 수 있겠는가. 특히나 중국 시에서는 성조의 울림을 중시하고, 글자 수를 맞춰 쓰고, 고사를 축약해서 인용하는 경우가 많다. 설두의 송도 예외가 아니어서 번역을 해놓으면 이런 맛들은 다 깨지기 마련이다. 그래서 눈앞에 보면서도 건질 수가 없다.

송고백칙을 번역하려면 선사의 안목과 학자의 견문과 시인의 기질을 한 몸에 지닌 사람이라야 할 것이다. 셋 중에 어디에도 해당되지 않는 역자로서는 번역하기가 당연히 힘들었다. 다행히 먼저 나온 번역본들이 있어서 참고하였는데, 현암사 본은 시인 스타일에 가깝고 장경각 본은 학자 스타일에 가까워 각각의 장점이 있었다. 이 先譯들이 없었다면 역자 혼자 힘으로는 할 수 없었을 것이다. 선배 번역인들에게 깊은 감사와 존경심을 느낀다.

5. 이번 번역이 역자에겐 무모한 시도였을지 모르겠으나 이 책은 역자와 인연 있는 책이다. 아주 한참 전에 벽암록을 가르쳐주십사 하고 스승 월운스님을 찾아간 적이 있었다. 그때 스승은 불경서당을 열고 몇 해째 훈장노릇을 하시던 중이었고 역자는 그 서당의 학생이었다. 그때까지 선어록이라고는 배워 본 적이 없었는데, 아르바이트 때문에 어록을 볼 일이 생긴 것이다. 벽암록이 宗門第一書라

는 말은 어디서 들어봤기 때문에, 이것만 배우면 다른 것들은 쉽게 읽지 않을까 하는 생각에서 들고 갔다. 책을 펴자 스승께서 우선 역자더러 읽어보라고 하셨다. 禪은 고사하고 문장도 이해를 못해서 한참을 버벅거리고 있는데, 스승이 역자 앞으로 책을 팍 던지면서 가지고 나가라고 하셨다. 너무 놀랐고, 너무 창피했고, 그래서 아무 말도 못하고 도망치듯 방을 나왔다. 그때의 무안함과 분심은 평생 가슴에 남을 것이다.

그러나 돌이켜보면 그때 구구절절 설명해주시기 보다는 무안을 주어서 분발케 했던 것이 더 약이 된 듯하다.

6. 그동안 선사들의 어록을 읽은 것이 마치 남의 돈만 실컷 센 느낌이었고, 그 탓에 많이 지쳐 있어서 여전히 선문헌에는 손이 가지 않았다.

그러던 중에 아는 분을 통해서 안성 도피안사 송암스님으로부터 이 책을 번역해 보라는 청을 받았다. 취향에 맞지도 않고, 옮겨낼 자신도 없고, 해서 찾아가 뵙지도 않고 한참을 잊고 지냈다. 그러다가 어찌어찌 해서 스님을 한번 뵙게 되었다. 스님은 "벽암록이 좋다, 그 중에서도 특히 설두중현 선사의 송이 그렇게 좋을 수가 없다. 그러니 본칙과 설두의 송만이라도 뽑아서 번역을 했으면 한다" 하시며, 은근히 부탁하시는 것이었다. 실력 없음을 고백했는데도, 스님은 모자라면 모자란 대로 괜찮다고 역자를 재삼

격려하셨다. 문서포교에 원력이 깊은 분이라고 소문을 들은 적이 있는데, 만나보니 정말 그랬다. 결국 스님의 설득에 넘어가서 얼결에 이렇게 拙才를 드러내놓게 되었다.

7. 번역을 하려고 책을 앞에 펴놓고 보니, 옛날 스승께 훈도 받았던 일이 눈앞에 떠올라서 더욱 잘해보고 싶은 분심이 일었다. 그러나 생각을 넘어선 자리를 표현한 글이라서 그런지 얇은 재주로 읽고, 찾고, 머리 굴리는 것으로는 역부족이었다. 번역을 끝내놓고 보아도 이해 안 되는 곳이 여전히 있다. 업 땜으로 이 일을 하게 되었는지는 모르겠으나 이것 때문에 새 업을 짓게 되지나 않을까 하는 두려움이 앞선다. 눈 밝은 분들의 호된 질정을 바란다.

2003년 5월
역자 씀